作者簡介

按目錄序

許雅舒

錄像藝術家、導演，現任教於香港城市大學創意媒體學院。過去十多年以來積極探討敘事的可能性，不斷挑戰影像和敘事之外更多呈現表述的方式。2007年，成立Rabbit Travelogue。2009年以香港藝術發展局的資助，完成了個人首部電影作品《慢性中毒》，並參展2009年釜山電影節"New Current"，該電影被喻為香港有史以來首部長篇實驗電影。2013年，第二部長片《哭喪女》入選釜山電影節。《風景》為第三部長片，成為2016年台灣南方電影的開幕電影，以及入選意大利都靈電影節。

何阿嵐

記者／編輯／評論人，寄屋於不同媒體，寫電影為業。

譚以諾

手民出版社主編，編輯出版作品有《蜜糖不壞：華語80後導演訪談》、《若隱若現：香港電影的非華人形象（1970至2010年代）》和《在地而立：香港獨立電影節2008-2017》。編譯學術著作《香港後九七電影：後懷舊想像》將於2018年初出版。

陳子雲

九十後，鍾意睇戲

王潔瑩

香港教育大學香港研究學院博士後研究員。曾就讀於香港浸會大學和香港中文大學。社會運動是主要研究興趣，附屬興趣比較廣泛，包括香港流行文化、東亞公民社會發展，以及媒體社會學。

沈昆賢

目前為台灣大學外國語文研究所碩士生，並曾於加州柏克萊大學英文系與電影系修課一年。除了在學術上對於以華語語系為焦點的電影研究有興趣，在閒暇時間亦是業餘影評，稿件散見於《放映週報》、《今藝術》、《秘密讀者》等。

施懿倫

台灣國立清華大學社會所．當代中國研究碩士生，研究關懷散落於威權體制下的經濟治理、社會運動，及其與全球化的關係。

小西

資深評論，專業貓奴。

甄拔濤

劇場編劇、導演、大學兼任講師。劇作《未來簡史》獲2016年德國柏林戲劇節劇本市集獎（Theatertreffen Stückemarkt），為首位華人得此殊榮。

黃津鈺

音樂家，藝術家，文化評論人。倫敦大學金匠學院音樂系博士生。

CAT MAK

受其他運動經驗帶動與引發，最後選擇長期留守參與在2011年版「佔領中環」的社會運動員。

目錄

序

文／許雅舒

有很多人都知道，《風景》的原名是《偽。現世》。當初起名為「偽」，因為是蘇偉貞的《時光隊伍》裏的「偽家庭」、「偽旅程」，她為着丈夫張德模的死，好想記錄。然而用第三者的身份，說「你」寫着「偽」且真的故事，當中的「偽」很迷人，帶着一點距離且陌生，又帶着強烈的情感，看着清且私密，很痛苦。「人」「為」成為「偽」，無為「真相」。電影一直在追求「真相」，我們一直以為電影呈現的就是事實，學習電影的第一步，就是要明白這是「人為」的藝術。影像、電影是偽，是幻象，沒有呈現現實，也沒有真相。所有真相都是「人」「為」的。

當初沒有用着這個名字，是基於由劇本創作到拍攝前，香港已經發生了很多事情。2014年的雨傘運動，始料不及，當中有很多細節竟然與我的故事默默呼應。同樣叫佔領中環，但同時佔領了金鐘、銅鑼灣和旺角，發生了由不同的階層參與的運動；引發了不同的街頭抗爭與討論。連故事內太初學紮竹，忽然好像是一種伸延，而紮竹竟然在佔中起了防禦的作用。然而，我無法再用「偽現世」來說明當下的事情。我無法抽離，也無法分析。着實當時很想為這個魔幻風景留一下點紀錄，這是由人民創造出來的「風景」，整個夏慤道都是帳篷，用竹和鐵馬造成的路障像是城堡。這個風景很美，無法創造，也無法複製。這就是「風景」，「人民風景」。

《風景》是關於2011年發生的OC（佔領中環）。一場對我來說很重要的運動，且我從未看見過一群人可以在公共空間住上這麼久，同時在進行生活實驗。（上一次看到的應該是皇后碼頭的運動）他們的討論和運動，很直接地影響了我和身邊很多朋友。雖然，我從未參與過OC，要拍這場運動有點不恰當，但我並不是為他們發言，而是藉着OC，說一些我們從來沒有思考過的問題：究竟我們的生活有沒有選擇的可能？我們有沒有選擇住屋的權利？可否吃剩食？可否瞓街？可否重建或不建一個社區？我們可以耕種嗎？我們可以發聲嗎？原來一直的運動，爭取的都不太與生活有直接關係（但最終都會影響生活）或者關注過自己，那我們應否從自己起來，革自己的命，再去革別人的命？

《風景》的英文名字保留了「偽。現世」的命題：Pseudo Secular 作為電影的副題。我好貪心，一直以為電影能引發更多關於社會的討論，電影不重要，重要的是能否帶起不同的討論。然後發現我們連討論都乏力。2014年之後，又過了三年，我們失落，沒帶目標，沒有改變；那我們可以回到日常抗爭嗎？三年後，2014沒有退去，回來的是一連串的清算，一個又一個的入獄，13 + 3，未完的數字，當中有很多朋友，已經在牢中或在名單中，我們不能對話了。然後，電影好像說着現在，宜在獄中一封又一封的信，展現在我們面前。那我們可以開始討論嗎？我們可以開始討論傷痛嗎？說到底，我們可以自強地面對邪惡嗎？

我貪心，原本這只不過是一本劇照集，不收評論，也不收篇任何文章。但我貪心，總覺得書是補助電影未能記錄的，以及未能在電影內呈現的，也好好地以另一個形式記錄。OC的討論、街坊的訪問，在電影內只不過是節錄，好想有一個完整的筆錄。這也是原初的構念。

多謝參與電影的朋友。
多謝參與OC討論的朋友。
多謝阿禮，多謝潔泓。
多謝受訪的街坊朋友。
多謝來參與圓桌的朋友。
多謝編輯們以諾和阿嵐的着力。
多謝喜歡《風景》的朋友。

編輯序

文／何阿嵐、譚以諾

電影是反映時代的藝術形式，這在電影史上早有先例，像戰後的意大利新寫實主義、拉丁美洲反帝國主義的第三電影、波蘭的道德焦慮電影，甚至是當代的荷里活電影，雖然民粹色彩濃厚，但仍有一些具勇氣和膽色的作品，意圖介入時代，反映時代的精神。我們應該興幸許雅舒拍成了《風景》。香港在這個政治時刻，有一位導演嘗試製作與政治高度相關的電影，實踐介入時代的意義，不只是停留在話題式和「抽水式」的回應，而是極冷靜地將近十年的社運展現在大銀幕上，打開了當下香港電影在政治上的缺口。

我們一起見證着，Rita在《風景》製作好後，總是着急，很想知道看過的人對電影的看法。記得電影上映前後的那一段日子，她每次打開話題，都是與這部電影有關，「他怎樣看？」、「為甚麼她會不喜歡？」、「為甚麼有這樣的評價，我很難理解。」……。其實無論怎樣，喜歡也好，不喜歡也好，她最想知道的，是別人的評價。作為導演，她當然理解電影的限度，但她同時想把電影的限度往外推。現在，香港電影的觀賞很多時止於踏出電影院的一刻，往後覺得不提也沒有甚麼不好，提也不過可能是說一句好看或不好看；而在獨立電影圈子中，大家也想開拓電影觀賞的可能性，除了社區放映外，還多與觀眾接觸，希望觀賞經驗不只在銀幕上，也可以在銀幕下的討論之中。Rita當然也是朝着這個方向走，電影的社區放映總是安排映後談，希望透過作品引發觀眾對電影和社會的思考和討論。這樣看來，我們可以不只把電影看成是在銀幕上的藝術成品，也可以是一個事件，這事件成為一個介面，連結原先看來是分割的不同社群和個體。觀賞不過是整個旅程的出發點，而在這觀念下，事後的評論和討論也就變得相當重要。

但現實是，在《風景》初放映時，這一切並沒有發生。評論沒有引起回響，更不要說引起大眾的興趣。場次不多，以至觀映的人數也不多，有部分看過的影評人或社運參與者，選擇不回應，選擇沉默。（有關這點，第五部分的圓桌討論稍有論及）電影沒有引起預想的波瀾，又沉寂了一段日子。這幾年的香港，社會政局變化急速，速度之快叫人無所適從。雨傘運動落幕後，雖然政治事件依然一浪接一浪地發生，但那種靜局，無論怎樣動員，大家也知道，是難以再觸發社會上大型的社會行動。但是又好像恰巧在這個時刻，讓這部電影回來了。本來《風景》的放映次數十隻手指數得完，因着13+3（反東北發展案十三人和雙學三子）被判監，《風景》又好像再次找到與香港社會連結的接口，不論是網上直播還是社區放映，都引來不少人認真的觀看，認真的討論。《風景》在一個自己無法預期的時機下，重播又重生了。

這時的重播又重生，讓電影可以以另一種模式延續，從影像作品，變成文字作品。其實，早在電影開拍前，Rita已經有成書的想法，不過可以肯定，當時想像中的書，並不是現在這個模樣的。書的想法因着時局，因着社會政治，慢慢變化，慢慢變成現在的樣子。《偽現世的風景》一書，當然可以說是這位創作者另一種嘗試，但單看書的目錄，就知道書不完全受Rita的控制，而預想的部分與溢出的部分可來回參照，把影像拉到去另一個維度。本書的第二、三部分，是電影拍攝時已有的材料，我們把電影中的社區訪問和關於佔領中環的討論筆錄成文字，成為另一種紀錄，甚至記錄着電影所未能包含的部分。至於書的第四、五部分，正是希望延續電影提出的問題，從評論、觀賞後感和圓桌討論，去回應甚至是挑戰電影提出的問題和世界觀。容我們引這位「媽媽級」導演的話，這不是一本關於《風景》的「打飛機」書，而是電影裏各種討論紐結點：是佔領中環帶來制度上思考，是對本土的拷問，是電影政治上的各種問題，是對後雨傘時期的香港探問（縱然電影並不是關於雨傘運動的）。

我們常常想像，電影《風景》像八爪魚，在適當的時期，觸鬚會黏着不同的人和事，結成一個能通電的網絡。我們作為這書的編輯，也是如此期望着，希望這書不是封閉的，而是能打開的，能打開各方的思考（想來大家讀到這裏，應該已經經過了一輪打開的過程），叩問真實，叩問政治。至於這書能否完成這使命，只能留待讀者來告知……

OCCUPY
HONG KONG
佔領
中環

OCCUPY HONG KONG
資本去死吧！

佔領就是日常，佔領其實是生活——專訪導演許雅舒

文／何阿嵐　訪／何阿嵐

「這幾年間香港變化快得讓人認不出來，而香港人的心態就是前無去路，後無退路。」許雅舒（Rita）說。

從今天來看，「偽現世」這個電影原名或會比《風景》更合適。我們再無法直視表象真假。價值混亂、失去信心和行動力的現世，當下令人更不安。Rita要譜寫一段被人遺忘的反抗者們的故事，轉入尋常香港人的情感底線。「佔領中環」的出現讓她開始萌生寫《風景》的念頭，這場「佔領中環」並不是後來因普選問題而引發在金鐘、旺角、銅鑼灣的佔領，而是由一群左翼青年於2011年，因回應佔領華爾街而行的佔領。那年，近一千名示威者走入紐約金融中心華爾街示威，佔領紐約華爾街部分地段，以反抗資本主義下的貪婪不公和社會不平等，反思整個消費體系。不久，世界各地也出現佔領行動，香港抗爭者也有響應號召，選擇佔據中環滙豐中心地下。這場佔領行動維持了將近一年。

帶着對Rita過去作品印象走入場，這一次，再沒有如過往在影像上的實驗。她要走入人群了，探尋香港近年的變化。《風景》作為她第三部長片，野心不少，

從保衛皇后碼頭、反高鐵示威，為李旺陽被自殺示威到雨傘運動前，她試圖以七個角色之間的故事，連結起近年香港社會運動狀況。過往，香港電影製作有意無意去政治化，大型商業製作更是如此，電影裏發生的事可以與社會現實完全無關，每個角色都像是脫離了香港生活。另一種電影，是看似隱含對香港當前環境的反思，但往往只停留在口號和對白的宣泄，只是一種無傷大雅的政治表示。「在近年來的香港電影當中，就只有許鞍華的《千言萬語》願意去描寫香港的社會運動。」因此，我們難以在香港電影中直接了解到香港的狀況。不論觀眾是否認同許雅舒的做法和觀點，她也以影像彌補多年來銀幕上缺失。「記得台南首演時，當地觀眾都說從不知道香港原來一年內有那麼多示威，還有七一，六四這些恆常的集會和遊行。台灣人就沒有這樣的政治活動，香港人的生活卻無時無刻和政治密不可分。」

《風景》沒有如《十年》般想像未來，在威權管治下的政治環境，更非各種陰謀詭計。《風景》不走這路，卻透過各式人物的處景，像是生活在中產家庭裏的母親、新來港移民，土生土長口說從不關心政治的生意人，還有抗爭者，電影在問：政治是否真的是遠離我們的事情？

「佔領就是日常，佔領其實是生活」，許雅舒引用社運人士梁穎禮之言，也是訪問時最經常掛在咀邊的一句話。如果佔領發生，當中又有那麼多討論，為何轉變還未發生？「OC（Occupy Central，2011年佔領中環簡稱）裏有好多討論關乎到我們生活，關乎到對公共空間以及城市規劃的意識，剩食和共享資源等。正是生活小節，影響着我們每一個人。電影就是想重新看待我們生活，我們社會。」是佔領行動與我們的生活經驗斷裂了？還是我們從不曾正視這些在身邊的事？阿巴斯（Ackbar Abbas）曾針對香港提出的「逆向幻覺」（reverse hallucination），指出香港的文化往往觀察不到存在的事物。「但你不能否認，佔領發生後，不論OC還是雨傘也改變了我們對空間和環境的理解。當然，推演有多深入是另一回事，但很多我們以前想像不到的事情發生了。原來彌敦道可以沒有車，原來大家在街頭生活，社會依然能運作。雨傘所提出的『真普選』只不過是一道橋樑。」借一個較平常的說法，Rita以電影為邊緣者發聲，為主流社會無法聽見的聲音曝光。不論是再現OC參與者的討論，還是走訪幾位老街坊問及他們從中國來港的經歷與感受，都是意圖打開主流論述外聽不到的話語。OC參與者所關心的民生議題，剩食和居住權等問題，「好像OC討論，重現這些場面是有難度，所以我選擇把這班佔領者分散在不同地區，OC的討論也分散在不同地方拍攝，討論的議題也是對應該地區。」

都靈電影節上映後，當地的影評人對《風景》提出其中一個觀點，認為她這部作品不像一般社運電影，沒有簡單地落入年輕人角度，也沒有寄予同情或認同的目光，「香港的社運從來不止由一班年輕人來推動，好像保護皇后碼頭，也由一群知識分子和中產來參與和推動。回到電影中的角色，除了太初和坐牢的阿宜是社運青年外，也有像阿宜的母親阿雲這個角度，母親這身份一直在我們談論社運時被忽視；至於豉油廠第三代傳人，角色設定是想藉他追問何謂本土；太初身邊的朋友則是一般人對年輕一代的想像，讀書不成，工作沒前途。社會上還有很多這類普普通通的人，這些人才是構成我們所看到的風景。」每個人物引伸出來狀態各有不同，而長達三小時的篇幅，也只能講述這一連串未完的故事。

在「後雨傘」時代，同樣堅持抗爭行動的人，無法理解對方的政治立場；而對於這樣一齣政治電影，各方自是評價不一，在各自的立場了解這齣電影。對此狀況，許雅舒只再三猶豫，「我也沒有為這電影給予任何答案，也無法給予。」電影沒有要求我們站在哪一方，雖然電影明確批評了香港經濟主導的發展方式。影片中由潘燦良演繹的格言，可說是最貼近普羅香港人的形象。影片中，他務商，不問時事，秉持着經濟發展為先的價值，卻無意間參與了反資本主義的佔領運動，過後回到日常生活，冷眼看待周邊的變化。Rita 藉此點出城市變化的面貌，並香港人的心態，加上縱向的從歷史層面看上一代如何經驗香港，建構出當下城市一道與別不同的風景。

「只是想不到我的作品激起不少人的憤怒。」但我們討論下去只覺更灰心，電影放映了一年有多，時局變化之快出乎意料。十三位支持反新界東北的示威者被定罪，雨傘參與者面對早已失去公平公正的法庭，媒體也漸漸地失守，再無法監察當權者，淪為當權者的喉舌。雨傘前所開展的民間能量，雨傘後好像無以為繼，「雨傘後其實也不是完全沒是變化。你看，2015年的區議會，還有2016年的立法會選舉，政治素人勝利。當然，我不能說雨傘對此有直接的影響，但或多或少，雨傘作了情感動員。但這卻又不是我們預期的重大改變，沒有制度中的變革。」在長達近兩年的放映期，Rita也意識到《風景》為何無法喚起更多人的關注，「原來對於運動參與者而言，社會運動裏頭的情感是無法直視的。我們可以很理性地分析時局，但我們卻對雨傘、OC、天星皇后，甚至更久遠的六四中帶來的情感創傷無法釋懷。但是，政治又怎可能不涉及情感？」又或者，當我們有勇氣去面對創傷，才會發現改變的可能性？

這叫我想起電影最後一幕。太初在日光初照時，遊走曾被稱為「夏慤村」的佔領現場。村內帳幕處處，再走進附近的隧道，回到日常繁忙的中環。這片風景有沒有可能在未來的香港再次發生？還是如電影最後所示，我們會繼續維持着現今的日常生活？

打開一個小小的洞，透透氣——專訪陳敏兒

文／何阿嵐　訪／何阿嵐

普通生活，不是她想像之中那麼普通，細細敲問，一樣危危乎千瘡百孔。

——黃碧雲，《無愛紀》

許雅舒創作阿雲這位母親，她說要為社會運動中從不見光的「母親」留下注腳，或者說，Rita所描述的是再尋常不過的香港人，煩惱也只限在小小的家庭世界裏。阿雲不是社運中人，有自己的政治和道德立場，也關心政治，但政治和生活經驗從不緊扣。她作為一名「旁觀者」，慢慢變得冷漠。扮演阿雲的陳敏兒，如果你認識她，你會發現她經常笑，有着一份從學習藝術而來的敏感度，保持着對生活的熱情。

訪問當天，我們坐在咖啡店裏，旁邊有一座大型電視機，新聞報道員每十五分鐘重複相似的新聞內容：2016年農曆新年旺角騷亂示威者上庭的畫面，騷亂時的衝突，上庭的年輕示威者面貌一次又一次地重播，陳敏兒也會看着這些畫面好一陣子。

就好像看見一位母親，不忍自己的孩子受罪。

以下是陳敏兒的話。

* * *

我是跳舞出身，只因為在舞蹈劇場上的表現和經驗，慢慢有人邀請我成為劇場演員。不單幕前演出，有時候還擔任如形體指導的幕後工作人員。我有時在想，除了做現場演出外，又可以嘗試甚麼呢？電影演出可能是其中一個可能性。

Rita（許雅舒）與我相識時，我們才剛畢業，她在一個我有份演出的舞蹈作品中製作影像。當她邀請我扮演阿雲時，我相信她是了解我的，也是源於一份信任。

舞台劇演出與電影演出很不一樣。舞台劇需要反覆排練，舞台上也有很多事情需要準備，如燈光、走位等，不同工作人員也要知道演出時的流程。我在舞台演出時，只要把演出排練好，在舞台上等待燈光亮起，演出的兩小時就是角色的所有。但電影演出不是這一回事，拍攝時劇情內時間差距往往很大，我往往需要重新投入角色，這也着實不容易，每次拍攝總要準備這角色之前發生的事。

電影中的佔領響應佔領華爾街，而佔領華爾街時我人在紐約，但我沒有走上街頭，只是從新聞報刊中得知事情。反而，九一一發生後我有走上街。還記得九一一後那幾天，天氣出奇地好。兩件事之所以有差異，因為一方有危機，但佔領華爾街好像沒有這樣急切。不過，説沒有急切的影響嗎？但很多人卻因雷曼一夜間失去家當，很多老人家一生的存款都沒有了。雷曼事件令我很震驚，金融和銀行體系基於信任，但雷曼事件卻是誠信破滅。問題出於人的貪婪、不誠實，也沒有人去阻止，只能看着這個錯誤發展下去，直到爆破。這間歷史悠久、信譽良好的公司，也會這樣子倒下來，原來大家被矇騙那麼久。佔領華爾街也讓世界所有人行動起來，包括香港，對嗎？很少有這樣全球性的行動。

事情發生得很快。雖然我沒有參與，也還未完全能理解是甚麼一回事，身邊的朋友也沒有走上街頭。某方面來説，我也不知道自己走上街一起佔領可以做到甚麼，不過隱約覺得這一切和自己很貼近。我還是有持續去理解這件事，最可怕的是雷曼爆煲後，沒有人需要承擔責任，連處分也好像沒有，我怎樣也不能理解。

未必每個人也可以走上街頭，而走上街頭也只是其中一種方法。每個人有着不同身份。這樣説並非要否定佔領、示威所帶來的可能，但對我來説，回到自身環境作改變，更感迫切。作為藝術家，我都以自己的作品來回應社會，像Rita也用電影去回應當下社會現況。並非每個人都做同樣的事，才算正確。不過，我想首先還是要從自己做起，改變自己。我相信一小步一小步地去做，每個人都意識到要去改變，並真正行動，事情才有轉機。

我自己有學習瑜伽，每當完成後，都會將正面能量和祝福傳播到大宇宙世界。當然有人會覺得這種做法很無謂，沒有用，因為就算做了世界同樣糟糕。但問題是，你做的時候，心向那兒？這樣可以立刻改變當下嗎？絕不是的。而我相信，遊行示威也大概是這樣的一回事。

因為《風景》，我再有機會踏足六四燭光晚會。六四事件發生後頭幾年，我也有參與晚會。燭光晚會本身就可以凝聚人，晚會無需再加上甚麼，太多意義反而失焦。到燭光晚會，我只想安靜地坐在一旁，哀悼為追求更好的政府和環境而失去生命的人。我不想這事被遺忘，純粹是支持這樣的一種精神。當然，這個形式可以在任何地方進行，不一定要到晚會，但在那兒，你會感覺到一種能量，也不會孤單地面對。

回到電影。我第一場演出就是和小野在長洲的那一段。我和小野剛剛認識不久，就有較親密的場面了。（笑）幸運地，這次是與小野作對手戲，他除了是演員，他本身也曾是導演，會懂得用導演的眼睛去看演出。所以就算我沒有太多電影拍攝經驗，也感到很安心。

一位母親放下母親的身份便是一位女性，再方下女性身份便是一個人。如果由人的處境出發，阿雲這位母親就絕不是遙不可及的人物。她生活在中產階層，有一個所謂家的狀態，但對事情變得盲目。有很多「以為」，以為自己有一個幸福得家庭，以為有老公和子女就有美滿家庭，但其實內裏沒有了關係，沒有愛的存在。她只不過是守住層樓，有個地方住，有工作，表現到自己有能力照顧自己，就算老公有外遇都可以承受，以為自己很強悍。環顧自己身邊到達阿雲這年紀的人，不是也希望有安定、安穩的生活，忘記了自己同樣也有選擇嗎？

母親和母愛也有很多種不同類型。對於建立對阿雲這角色的養分，自己的年紀確實生得出一位已經讀大學的女兒，我中學同學的子女不少剛升上大學，而我也在舞台上當過一位有六歲孩子的母親，又演過九十多歲的老婦人，還有，Rita給我《無愛紀》和林楚楚這角色，都是建立角色的養分。坦白說，現實當中的阿雲一點也不像我，但有這樣的機會演繹，從而觀察從未留意的事，想像她的經歷，如此經驗，也豐富了我自己。

太初的出現，好像打開了阿雲對女兒的認識，也打開了她自己的生活。太初就像一面鏡。他們兩人很相似，同樣困在困局，不知自己下一步可以做甚麼，有很多承擔，但又無力去做。我會形容他們的關係建立了一個小小的洞，這個洞是讓他們可以透透氣。

重讀為阿雲寫下《無愛紀》的筆記，楚楚來到無愛的底線，才可以勇於去愛，

才發現愛的可能。當我們說的「愛」時，帶着很多標籤和前設，像年紀、性別。和小野討論這段關係時，他感到很頭痛，為甚麼會愛上女友的母親？但我和 Rita 都說怎會沒有可能。（笑）

我覺得，最後他們在橋上擁吻在畫面上太過真實，應該讓觀眾感到有些困惑，究竟是真，還是幻想。

阿雲最後會否和太初一起？這個答案重不重要呢？我不想想太多。我見到的是阿雲最後選擇離開，將一些價值觀和執着放下，她之後到底怎樣走因應有甚麼事在前頭。好像廿八年前我們上街，（編按：指因六四事件走上街頭示威）也因為一件事而有所行動，當下覺得自己要做一些事，於是就上街。我們用行動來證明一些事，表達自己的聲音，因為坐在家中甚麼不做將來會後悔。所以，就算我是演繹阿雲的人，也不能知道阿雲之後會怎樣走下去。

角色和真實的雙重重疊——專訪盧鎮業

文／何阿嵐　訪／何阿嵐

後知後覺，訪問前才知道盧鎮業（小野）在主流觀眾有另一個形象，由麥曦茵執導的兩部電視電影，小野扮演表弟，其鄰家暖男形象一下子在網絡上瘋傳。但對於小野來說，那部電視電影播放當日有另一件更重要的事發生，「巧合地，該劇開播就發生佔領中環。那時我只是想着如何去實踐左翼行動，還有，如何在冷冰冰的石板上睡得好。」

成為廣為人知的「表弟」前，他被談論得更多是作為獨立導演的身份，無論是見證OC前香港社運的《那年．春夏之後》，記錄新移民在香港工作的紀錄短片《金妹》，我們也見到一位年輕影像創作人對社會邊緣狀況的關注。

小野自言自己較為被動，就算在社運場合，也只會在一旁旁聽，隱藏在攝影機背後。但這樣，卻反而讓他更容易走入社運現場，傾聽不同聲音。他於是拿着攝影機，成為社會運動的參與者。在《風景》裏，他演繹男主角太初。太初像是他自身的銀幕化身，被動、對前途感到迷茫，但一次又一次走上街頭……

是的，現實中的他也是這樣，真實和銀幕形象生活重疊起來。

* * *

問　你有參與佔領中環（OC）嗎？

答　我是參與者之一，主要是頭兩星期在滙豐總行留守。還記得那段時間睡得很少，第一個星期只有幾個帳篷，並非每個人都可以睡在帳篷內，頭幾晚還要睡在地上。你知道那邊是石板地，相當硬，睡得辛苦。我們會說每個人參與社會運動擁有的資源和成本都不一樣，那星期就很能感受到，我的腰一直以來都不好，這狀況使我很難在街上入睡。但我之後都經常回去，只是沒有過夜。

我當時在拍紀錄片《那年春夏．之後》，電影有大約一小時是關於佔領中環。相對於黃衍仁、梁文禮等核心參加者，我與他們最大分別是他們會不停開會，每個會都開至凌晨三、四點。我其實不太能進入到開會的狀況，但這些會議對我也有很大衝擊，我大學時期已有參與示威，但接觸到最多左翼理論就是那時候，人的見識也不同了。可以說，我把這些記憶和經驗，套用到太初這角色身上。

問 《風景》也試圖展示佔領中環的面貌，例如影片中重現的幾場討論，但我懷疑能反映多少真實情況？

答 很難走得更深入。Rita雖然有到現場參與，但她對OC的認識和理解，其實大多來自關於佔領的著作，像許煜的《佔領論》，另外就是我拍下來的影像紀錄去了解佔領的場景，所以，對我而言，《風景》和OC這事本身在認知上是有差異的。電影中反思的問題，對於現實中的參與者而言，特別是高度參與的那一群人，遠遠不只是這種層面。Rita也承認不能如實反映，因為單單要拍這部分，一場的討論，可能要用上三小時的篇幅，(笑)因為當中不只有公共領域討論，還有很多個人情感(在討論時發生)。OC不單純是公共領域，因為有人在生活；又不像雨傘運動時，有很明確和短期目標的政治訴求。OC是反資本主義運動，回應佔領華爾街，也回應世界各地的佔領行動，但行動背後大家都知道資本主義不會因此倒下，只是整個反資浪潮的一部分。但去到近幾年世界又不同了。

問 以你所知OC的參與者看過電影嗎？他們有何反應？

答 當時的參與者去看《風景》也很難作回應，因為《風景》並沒有處理他們關心的問題，Rita整理OC的部也無關他們的經歷，而是OC討論到的議題怎樣影響社會運作。OC參與者未必和電影有太多交集，他們好像也有沒有意圖要整理這段經歷，至少沒有一套整全的整理。說不定他們有整理過，但沒有公開。他們其實一直向前行，重整自己。

問 由OC參與者變成德昌里的街坊，他們也成為示威遊行的常客，但雨傘之後他們也沉寂下來。

答 很深印象OC參與者在雨傘運動期間，曾經很有心力參與旺角佔領區，但被人「屌」（以粗口罵）走。他們好像放棄參與很政治化的運動。到過旺角的佔領者也明白，雖然人很多，到場的人都各有不同原因，但各門各派也紮根在不同位置上，政治操作很細密。對我而言，OC朋友進入不到這場運動，是政治鬥爭下的結果。只要回憶起當時左右翼的對峙，也覺得相當恐怖，也是很多人不願意走入這混水的原因，當時面對這政治氣氛，參與其中也覺得很辛苦，連創作也變得不可能，這是雨傘時其中一個很大的感受。這份疲勞感不單是行動多少的問題，而是節節敗退之下，輸得很氣餒，到現在還有一份陰影在身旁，不單是OC參與者，更可能是不少支持左翼信念的人。但我要重申，這是很個人的看法。

不過，對一般觀眾而言，又會怎樣將OC與雨傘運動放在一起？有可能只是時間線上的連結而已，電影最後也是只有太初走過佔領區。又或者所謂的延續，不過是有部分參與者由OC到雨傘也一直在現場參與，參與OC

和雨傘理念上可以沒有關連。記得有一位OC高度參與者，後來也成為了本土派的支持者。這放在太初身上也可能成立的，說不定他在雨傘運動後就成為本土派。政治行動未必如我們想像中可以貫徹始終。

問

這變成了另一個問題了。當下的右翼行動吸引了一群支持者，左翼力量減退，能量被右翼吸納了。但在雨傘或者OC之前，這些參與者的經歷又是如何？

答

部分參與OC的人，之前已經活躍在其他社運場合，但一直都受到排擠打壓。其中一些核心參與者都是FM 101成員，我自己也是其中一員。這一群街頭衝擊者走到OC時，思想有很大的轉變。記得阿禮在《那年．春夏之後》時也談到以前的FM 101成員也很民粹，就是針對單一事件去「砌」（討論和行動）。但經歷了OC，他們不再就單一事件去行動，開始會退後一步想問題。OC參與者反思到政治行動的必要性，當我們的理念和其他人有分別時，又確實無必要再去參與單一議題的遊行示威。

問

可以視電影中的太初為你的一部分嗎？

答

我原本想做的角色是太初的那位朋友，但現在看來岑珈其比我更合適，他能夠將角色的無懶性格發揮得更好。Rita有一個不好的習慣，總是看似很認識你。我和她認識了好一段日子，《慢性中毒》時已經參與拍攝。她是看着我成長，見證我在大學時期變化最急速的日子。大學最後一年也是我參與示威最多的日子，我之前總吊兒郎當，拍戲只是for fun，沒有社會意識。

太初這角色某些地方確實和我很相似，例如阿雲質問我知不知道自己想怎樣，很明顯是Rita這幾年對我的觀察來，作為一個畢業多年的大學生，還未決定到自己的人生路向。另一個場景我們要拍舊立法會大樓，拍的時候，她只是寫了要在舊立法會行一圈，我就像提取個人記憶，因為我過去拍過很多次舊立法會。我和身邊的人也參與過「搖滾不容殺人政權」音樂會。所以拍那個場景時，Rita 沒有任何指示，我很自然地停在音樂會舞台前的位置，停下來才發現已經圍了板裝修。這段故事沒有寫，也沒拍出來，觀眾更不會意識到，但我感受很大。劇組來幫忙的女孩還笑說這部電影只是拍我不停在行。當 Rita 還在寫劇本的階段時，我已知道她參考了我的經歷，無論參與社運時邊緣的狀態、說不出自己感受的狀態，都反映了我參與社運時的真實一面。所以我一直迴避這個角色，不想演，只因社運參與的經驗對我影響太大，角色和真實人生重疊了，好像在賣弄自己親身經歷。但最後還是演了。記起當時我也在開始思考自己的出路，因為參與了麥曦茵的作品，而在網路上得到不錯的回響，好像可以發展演員的路，但身邊的人對此有微言，質疑我是不是要去做明星，他們對我影響很大，無論是社運還是生活上。至今我還在導演和演員兩邊走。

我們在城市中心打開了一個客廳——
專訪黃衍仁

文／何阿嵐　訪／何阿嵐

不知如何說起，因為事情還未完結……

香港，2011年10月，五百多名市民在中環交易廣場外集會抗議示威。與過往的遊行示威不一樣，我們會看到高舉的不再是反對單一政治人物，也不只是反政權、反強積金、反核能，還有反對資本主義。那段期間有關「佔領華爾街」的新聞鋪天蓋地在電視、報紙和網路上傳播，不難從示威者的對話中看到當中的回響。香港是資本主義天堂，大財團壟斷資產令貧富懸殊日趨惡化。「我們都是百分之九十九」。站出來針對改善社會體制。反對社會和經濟的不平……。有部分示威者在集會完結後走到中環滙豐銀行總行……

但在黃衍仁眼中，這次佔領中環不過是偶發事件，沒有任何準備，只因受佔領華爾街的感召，一群左翼青年在參與一場和平常分別不大的集會後，帶着手頭上的示威工具，走到中環滙豐銀行地下的公共空間坐下來，佔領就發生了。

他們嘗試將這些年來累積的政治能量作一次實驗。能聚集人群佔領當然並非偶然，他們對政治體制早已感到絕望，深信要嘗試脫離資本主義制度才可以有新的可能。早在這之前，他們已在大大小小場合表明不滿當下的經濟金融產生的剝削與壓榨，雖然結果往往是，沒有太多人理會。

是的，他們經常把「實驗」掛在口邊。但實驗甚麼？坐下來，第一件要做的是甚麼？反對資本主義嗎？口號說來容易，但如何實踐才是根本問題，甚至連這句標語也是佔領後兩三個月經過反覆的討論才舉出來的。那麼，下一步怎樣做才好？「不要理會太多，我們先佔領了再算吧。」他們從沒有想到可以留守十一個月，更沒有預料後來有一位學者受到啟發，引發了香港近年最大的政治運動。

衍仁是第二天到達現場，那裏除了幾個帳篷外，就只有前一天留下來的示威用品。令人驚訝的是，後來只用了兩個星期，佔領區就建成了。他記得留守的每個早上特別煩躁，上班族的腳步聲清一色由高跟鞋和皮鞋組成，越接近上班時間，腳步顯得越急促。佔領初期的中午時分，亦有別一種聲音，在大樓上班的人會在工作的辦公桌旁不時觀望，走過他們的佔領地會有人叫嚷要他們趕快離開。

Fuck off，get out of our place。大叫的人好像能從中得到一些優越感。在他們眼中，這班人不事生產。他們沒有意圖要走上前去了解，就算前去也只是想戲弄一下這群佔領者。有一次，一位中年男人西裝筆挺的走到佔領地區，大叫要將佔領區所有物品拿走。「你們不是說大愛嗎？你們不是說共享嗎？我就要拿走了你們所有物資，看你們會怎麼辦。」佔領者其實沒有大多理會。這位大叔無法引起佔領者的情緒，就悶悶不樂地離開了，其後也沒有再見到這位大叔。衍仁說，這樣的情況也只是在佔領後一個月內發生。慢慢地那群趕上班的人依然趕上班，走過滙豐銀行的人也不會望多一眼就離開，有時候也會有好奇的遊客來到佔領區問個究竟，OC參與者也樂意把他們的想法告知不同的人。後來，電視新聞也不再報道，對大部分香港人而言，採取了最好的方法來與他們「相處」——視而不見。

每一位佔領者都有不同身份。以衍仁為例，他是音樂人，早在參與 OC 前已經參與其他社會運動。因着參與 OC，使他把早年無政治主義的想法與左翼整合。他平時不太愛看書，喜歡和人對話，了解別人想法。他也看過不少紀錄片，從中吸收知識。他參與 OC 是想要實踐自己相信的理念。他自言不算是 OC 忠實的參與者，他沒有每晚留守，也不是每天都在中環。他總結 OC 的經驗，是使他對政治體制更加絕望。

「絕望好，因為你不用抱任何不必要的希望在它身上。」衍仁說。

參與者亦有雷曼苦主。但他們都在佔領區外圍，好像不太樂意與 OC 參與者對話，一直保持着一段距離。亦有一些人是因為 OC 的理念而來，不少是大學生，

也有中學生，他們每天早上穿校服上學，放學就回到佔領區。亦有設計師，後來聽說他決定放低高薪厚祿，走到新界當起農夫來。還有一位中年人，平常賣台灣音樂唱片，也來參與，他後來也做了一件重要的事，使OC參與者的行動得以持續地實踐。

這些人在晚上最寧靜的時刻開會，這也是OC最核心的行動。這些會議在很多人眼中——尤其是公司企業人員眼中——極之沒有效率。只要人有發問，會議就會開始，例如佔領區內的空間如何運用，高舉反對資本主義口號的理由，如何處理剩食等。贊成的人就打出O字的手勢，反對打X。這不是一個少數服從多數的遊戲，而是要在場參與討論的所有人共同贊成，才會通過。即是說，只要有一個人反對，這場討論也不會完結。這些會議動輒是三四個小時，有時是一整晚也討論不完，有正職或要上學的人只好帶着疲倦的身軀離開，但討論甚麼？有可能只為了爭論一個營帳要移動到另外一個地方。不過這些會議也讓參與者更熟知不同人的想法，後期的會議也不如當初那樣慢熱。

2012年6月底，滙豐就以取回業權為理由，要求示威者撤出。當時的新聞報道是這樣總結：「2012年9月11日，滙豐銀行以取回業權為由，要求示威者撤離。8月13日，香港高等法院發出禁制令，責令佔領者於8月27日晚上九時前離開。佔領者違抗禁令，更在二十七日當晚舉行音樂會。期限過後十五天，法庭執達吏驅逐了佔領者，第一次『佔領中環』就以在執法者驅離結束，具有一定的社會影響力，但收效不大。」沒有情感的描述，完全對佔領的原因隻字不提。這班佔領者當然沒有天真到以為一場佔領可以改變甚麼，甚至衝擊金融主導的地位，金融體制在法制外衣的包裝下，繼續帶着它的欺騙性和殺傷力。

「警察清場後我哋都會返嚟」。佔領者們也嘗試回來，10月6日，社運電影節把其中一個放映節目帶到滙豐總行，帶上放映機和白布放映電影。原本一直相安無事的放映，就在滙豐地下大堂的主管一聲令下破壞了，近半百位保安員行動，先以大閘封鎖滙豐大堂禁止圍觀人士進入，並搶走放映設置。旁近的三十名藍帽子警員冷眼旁觀，他們身後早已準備了兩輛押犯大巴。第二晚，社運電影節的參與者再次來到現場，保安顯然更有準備，出動更大武力把參與者趕離現場，十多名參與者也因此受傷。不久，滙豐總行樓下就將該地方改劃為私人地方，有一段時間，到了晚上，大閘就會落下來，只因防止示威者再來佔領。他們也會刻意放上所謂的「展品」，不讓人留連。然後，再沒有人在這兒舉辦任何活動。

清場後，OC參與者就找到新的實踐理念的地方，就是文首提到的那位唱片店老闆，他在油麻地開設了名為德昌里的空間，那兒則變成OC參與者的基地。

雖然說是基地，但同樣開放給其他人使用。那有更多故事發生，依然持續地進行。

衍仁是這樣形容在 OC 那一段日子：「佔領空間後，事情才會慢慢發生。回想我們當初，很希望這兒能成為城市中心的客廳，開放給每個人，可以來休息，也可以進來參與討論。OC 對我而言，是一生的功課，我還在學習、理解。」

（本文以黃衍仁訪問為基礎，綜合另外幾位參與者和筆者的觀察寫成，文中論點只能代表筆者的觀點，亦可能與事實有所出入。）

本土的訪談

前言

2014年，我對「本土」這個詞語又熟悉同時又陌生。我不知道該如何討論「本土」而排去歷史帶來的現實：大部分的香港人，不論是過去或是現在，大都是移民來的。那時，找着陳智德的《解體我城》，像尋寶一樣找着五、六、七十年代的文字，然後我覺得「本土」是要從上一代的故事來說的，七十年代的本土不是以本土描寫的「有」來替代五十年代的「無」，而是認清了「無」之後，從「無」的既定現實中取材並建立出「有」，對「無」的認清作為反思和認同的關鍵，當中的思考正打破了簡單二分的肯定和否定關係。

我選了幾個原本與海相連的地方，然後發現很多上一代一來到香港，落船的位置，就會是他們植根的地方，直到政府的重建計劃，他們才搬離已經住了三十年以上的地方。

長沙灣的李生李太、土瓜灣的甘瑞燕婆婆、高街的伍國標以及北角的黃靜說着家的故事。

懷念以前的人情味——西營盤

地點／西營盤　訪問／袁彌明
受訪者／標哥　整理／何阿嵐

問　標哥，你是哪一年來香港？

標　七十年前，即係1945年（編按：標哥於2015年接受訪問），當時只有兩三歲。

問　一家人來？

標　阿媽和親戚留在（中國）大陸，來到香港時到阿叔那裏住，阿叔當時在香港做買手，他將我帶來香港。

問　當時是甚麼人陪你來香港呢？

標　水客，專門帶貨做買賣，只要幾十元就可以帶人來港，當成運貨一樣。

問　偷渡來港？

標　才不是，四十年代還可以自由出入。到香港後上學，但只讀了兩年，當年讀書很困難，又要錢，又要關係，能夠入學因為一位「疏堂」姐夫於電話公司工作，電話公司有學校，但只是三年制，上學一年後，我就跳級到三年級，所以讀了兩年就畢業。

問　當時幾多歲？

標　六歲開始讀書，兩年後，八歲吧，然後出來學師，學了三年。當時無人工之餘還要給錢學師，又要靠關係才有工作做，絕非你想做就有得做，當時找工作真的很難。

問　來港後就在西營盤？

標　石塘咀，住在阿叔的家，其實是商店，就像我們身旁的那一間士多，阿叔開士多又會做買手。

問　在店鋪裏生活是怎樣的一回事？

標 阿叔的店鋪是地下舖，早上做士多，晚上關門我們就會拉起床鋪在地下睡，七八個人一起睡，除了「疏堂」弟弟姐姐，還有叔叔嬸嬸。當時一間屋真的可以住十幾二十人。店鋪又分開了幾個不同小舖，一邊賣時裝，另一邊賣電器，閣樓又租了給其他人，店鋪內最尾那一間房租給做印刷的。一間屋，可以租給六至七人，不過當時的店鋪很大，千多尺，樓底又高，能做閣樓，又可以床疊床。租金也算便宜，五至二十元就租出去。

問 當時一個月賺多少？

標 十到二十元，阿叔的生意都由家人打理，最親的兩三位。到我十多歲時，我就把爸爸帶來香港，不用再花十多元給水客了，哈哈。

問 一直住這區？

標 讀完書、學完師後，先到這區生活，我又在這邊認識了一些師傅，跟他們再學了兩年師，他們集中在這條街上，我就此落腳。

問 學完師就在這裏工作？

標 對，跟師傅工作，可以有三至五元一日，過年又有多五元給你買衣物。學師到十一歲，之後出來打工。

問 甚麼時候開始有自己地方？

標 大約十四五歲，能夠自立。一開始在店鋪和工作的地方住，後來獨立出來做生意，接外面的工作。當時在後巷搭一個木架，找一個櫃。初獨立出來在街邊開舖很慘，後來才租舖。這邊有兩間我都租過，第三間是買回來，三十多歲時就買舖了，當時是七十年代。

問 人人都住在自己店鋪？

標 對呀，當時有店鋪就像有屋一樣，樓底十尺高，可以在屋內建一個閣樓，搭一兩間房，睡閣樓，上住下舖。

問　為何你爸媽要你來香港？

標　鄉下生活好困難，他們想子女能生存，所以盡量將子女送給其他人，我有六、七個兄弟姊妹，我最先來到香港。我賺錢後就帶家姐和哥哥來港，爸爸到我十幾歲時才來。我阿媽過世得早，我來香港後不久、三四歲時就死了。

問　但你和爸爸，兩三歲後就再沒有見過了……

標　小時候曾回鄉，但住那裏一點也不習慣，畢竟自己大部分時間住在香港。六七歲已經懂坐船，類似走私的木船，只要花一點錢就當你貨一樣帶你出來。

問　你覺得西營盤最大改變是甚麼呢？

標　環境，有很多高樓大廈，環境已經變了，人事都變。老的街坊已經不在了，(有不少已經)離世，或者搬離這區，有居屋公屋的就搬到屯門青衣等新界地區。改變太多了！以前的店舖很少做街外人生意，店舖更像一個工場，關門做生意，現在卻變成食店，變化很大。這十年內，聽聞大家都稱這兒是 SoHo 區，即西營盤 SoHo 區，聽到說這兒會變成 SoHo 區後，不少店舖賣出去或租出去。以往在這兒買一間店舖很便宜，現在一間差不多二、三十萬月租，買就更貴了。所以我不明白，那些食店如何生存。

問　很多「鬼佬」來。

標　這些食店下午五時後開市，但關門又不可以太夜，太夜會有人投訴有噪音，最多只能做到凌晨兩點，怎樣生存？

問　買酒水，糖水都能賺錢。我想問，我們身旁這兩座從以前到現在都沒有變過？

標　沒有，最多油了一層灰水。有些業主賣了單位，有些因為移民(就空置了單位)，說不定將來可以保育成為古蹟。我們頭上看到的兩個單位還未賣，因為業主人在外國，托給親戚管理。他們其實很想賣啦，只不過是未賣出。

問 那麼，另外這幾座呢？

標 租了給「西人」和藝術家。這幾座算新式，但這邊就是古蹟，這間賣了。

問 十多歲開始工作，生活苦不苦？

標 當然艱難，但艱難得快樂，如今不一樣了。以前街坊間的關係很好，有事發生只要大叫一聲，人人都來幫手。如今在街上大聲叫救命，不見得會有人出來幫手。

問 左鄰右里令你快樂，但工作始終辛苦？

標 那時候不算苦，（讓事情）順其自然就不覺苦，（工作）辛苦，但做得多自然賺得多。

問 那麼你幾歲退休的呢？

標 六十九歲，2006年，不，是2009年退休才對。如今是2015年，店舖也賣了四五年了。賣之前我在另一條街又買了一間，當時只要用百幾萬元就買到了，當然現在應該不可能了。

問 這一區令你最深刻的街和建築會甚麼呢？

標 上面的社區中心人稱鬼屋，以前是瘋人院和美沙酮中心。記得小時候沒太多朋友，我成為道友的目標，專門來玩我，甚至從我身上偷東西，又故意整傷自己要你賠償。

問 你們都很害怕吧？

標 那地方事實上並非鬼屋，不過封了起來顯得陰森而已，那裏最多只有蛇蟲鼠蟻。不過年輕人喜歡半夜三更來探險，嚇昏了不少女生。曾經有一大群學生來，你嚇我我嚇你就有人給嚇昏了。我最深刻的就是這些事。

問 最深刻的人和事呢？

標 以前很有人情味，如今沒有了；以前每逢節慶都有活動，唱歌、在球場吃盤菜、盂蘭節時做戲、八月中秋賞燈。這些事現在都沒有了。不過，對比其他地區，這區的人情味還是好得多。至於住在這裏的人，變的不少，老的搬走或者離世。現在的年輕人呢，又不會辦這些活動。現在走在街上，遇見的街坊我一個也不認識。以前不是這樣的，來到（我的店舖前）就叫老細，以前人人都叫我做老細，街坊又熟，關係也很好。

問 還有老街坊吧？

標 還有，以前車房自成一角，士多又是「自己友」，（不過）現在有很多店舖也關門了。

問 說說六、七十年代，你也經歷過六七暴動？

標 宵禁。這邊沒有炸彈，但隔兩三條街就有，即是皇后大道西和德輔道西。那時有人生事，很糟糕。我也曾經參與遊行，因為公會認識的朋友會叫你參加，到現在我有時候也會去公會做義工。

問 影響持續了多久？

標 幾個月，多數在夜晚，五六點後的放工時間，又偷野又生事。暴動很多事涉政治，當時我年輕也有參與。不過有甚麼用？還是要生活，又有一家大細負擔，再不能投入這些事了。

問 回過鄉下，還是覺得香港才是家？

標 鄉下的生活環境不太適應，不太習慣，自然想回到香港。香港社會較進步，單單打開水龍頭就有水，鄉下如廁都要在河邊。

問 和阿叔尤如親人一樣吧。

標 對呀。但當我有能力賺錢，就帶了阿爸來香港。當時十幾歲，應該是五十年代吧，五二、五三年帶他出來。當時共產黨當道，回鄉的人都不願說話，怕說錯一句話就拿走你的回鄉卡——當時還未叫回鄉卡，只是一張紙。回去買糧票，不用人民幣，只能用代幣，所以就更加不願回鄉。加上沒有甚麼親人，大佬、家姐和爸爸都在香港，老母又死了，屋又被政府沒收。沒有根。雖然應該還有一兩個家姐在大陸，但都應該死了。

問

標

其實你最懷念還是街坊吧。

這裏的人很好，街坊也很好，很親密，做節時會叫你來飲茶、聊天。（我在這兒）做生意又算公道，人緣不俗，雖然客人不少是來自另一區，像是九龍和新界的設計公司和廣告公司，香港四大廣告公司也曾經找我。我曾做戶外廣告，外牆幾百尺的廣告我曾做過，中旅社的大招牌就是我做的。雖然以前工作快活，但要退休也覺得無所謂了，周邊的商舖要關門時好多人不捨，不過要退休還是要退休……

SEAFARER SIM
a Wonderful
English Learning
World

人生有四十多年都在街上過日子

地點／長沙灣
受訪者／李生、李太
訪問／袁彌明
整理／何阿嵐

問 想問李生李太何時來到香港？

李生 1960年從潮州來到香港。

問 為甚麼當時選擇離開香港？

李生 無甚麼原因，當時是申請來港。

問 當時幾多歲來港？

李生 十多歲，當時還要上學。

問 那你是聽到有人説香港好才過來香港？

李生 並非聽到甚麼人的話，而是有機會來，我就來。全家裏人就我一個人來香港。

問 但你來到香港時甚麼都沒有？

李生 怎會甚麼都沒有呢，有親戚在香港，他們住在西環那邊。

問 來到香港有沒有上學？

李生 讀夜校，當然是一方面要工作一方面讀書，不然怎樣生活呢。

問 李太呢？

李太 我十一歲來香港，即是1958年左右，我和媽媽與弟弟到舅父那裏。

問 （當時）就已經在長沙灣？

李太 對，也是興華街，（我們坐在這裏）的旁邊，舅父當時做傢俬生意，我就住（舖頭）後面，也會一同幫手工作。

問 李太，你媽媽為何會帶你來香港？

李太 來香港前其實我媽媽是想申請我們到泰國，後來我爸爸在泰國發生了意外，就（決定）不過去了，當知道（政府可以審批）來港，我們就選擇來。

問 來到香港有沒有讀書？還是一直幫你舅父工作？

李太 住在舅父那裏大約兩三年左右，之後媽媽買了一間（天台）木屋，在青山道附近，當時三百多元，已經好貴，（不過）那裏已經變成了一座高樓了。我們當時住天棚，（當時小朋友）工作都要躲起來，因為未夠年齡，勞工處來查就麻煩。當時我們做手工藝，黐公仔頭，畫眼眉啦，那些公仔會響，按下手腳就會響，現在的玩具「巴閉」好多。當時我又去學織冷衫等工作，賺得也不錯，可以二百幾蚊一個月。

問 六十年代的長沙灣有好多輕工業，如玩具廠？

李太 香港紗廠，記得長沙灣以前都有船廠，長沙灣未填海前的地方都是船廠來，通州街都有船廠。

問 那時候從你這裏看出去已經是海了？

李太 是呀，都是海，當時無樓，只有屋仔，有船，不知道多年後就變成模樣，之前還是七層大廈，現在都是高樓。

問 你們就一直住長沙灣沒有離開過？

李太 住了一段很長的時間，後來政府折了我層樓，我們就搬到元朗，住了十一年。

問 之後就搬回來住？

李太 還住在元朗，只是回來開舖，朝朝都回來開檔。

問 因為對這裏有感情吧？

李太 在這條街開檔都有二十幾年，之前在另一條街開檔又二十幾年，前前後後共四十幾年，靠賣鞋養大幾個小朋友。

問 你們記憶之中，長沙灣是怎樣的，變化有多大？

李太 像蘇屋邨已經變了很多，以前大多是七層大廈。

問 但你們來到這裏時，應該連屋邨也未有。

李太 有李鄭屋邨，有一間學校，以前的屋都好矮，前後只不過二十幾年歷史，我們來到這裏還在的，都不知是多少年前的事，到現在還是排檔，賣咖啡呀，粥麵，上面也是。

問 當時工作辛苦嗎？

李太 我們好勤力呀，不會說辛苦，連星期日都沒有休息，不停加班，更有勤工獎，不會想到辛苦。

問 一直賺錢，希望住得更好。

李太 後來阿媽買到棚上的木屋，當時每四天供水一次，我們就要排隊取水，要到街市才可領水，你應該沒有試過吧？

問 記得六、七十年代發生過甚麼事嗎？例如暴動之類的事。

李太 暴動時我還未結婚，應該只有十幾歲，我二十二歲先結婚。暴動更不會出街。

李生 有好多炸彈在街上。

問 附近有嗎？

李生 有呀，渣打銀行那一帶。

李太 我沒有上班整個星期，可以休息一下。

問 有沒有看報紙聽新聞？你怎樣知道消息？

李太 聽收音機，連電視都沒有。

問 土瓜灣行得最多的地方是？

李太 沒有甚麼地方好行，最多到附近檔口的連姐聊聊天，飲茶，一開檔就坐在這兒，沒有人買東西時就會到對面的檔口聊聊天，所以周邊的地方我也不太認識，主要這幾條街。年青時只工作，星期日也沒有休息呀，那可能到處走。

李生 星期日的時間都花在家工作啦。

李太 有四個孩子，三男一女，他們話想出行玩，都會騙他們下次才去玩，我們要工作，政府要逼走我們，將來就無機會工作。無工作時才去街，小朋友很聽話，騙得到。現在就是他們帶兩老去街，只有他們帶我們行街。

問 四個仔女大概幾大？

李太 大女四十八，李俊亮小他們兩三年，我都忘記了。

問 小時候也粗生粗養？

李太 當時沒有避孕，有得生就生，粗生粗養，況且阿哥會照顧弟弟。

問 記得在大陸生活時的狀況嗎？

李太 當時環境算幾好，之前也提過本來申請到泰國，我當時都也不覺苦，老豆在泰國工作會有錢送回大陸，我們稱為華僑。

問 那麼你媽咪有沒有後悔來到香港？

李太 沒有，哪會後悔？從無後悔。

問 這一區有沒有發生過令你印象深刻的事？

李太 舊檔口火災，這是最深刻。當時小朋友又細，生意少，一日只做百幾元，那時生活比較困難，媽咪又經常身體不適，想我回中國照顧她。當時的檔口火燭，燒光了所有貨物，甚麼都沒有了。一切重頭開始。後來到細女出世時環境才轉好了點，有很多人來買東西返中國。那時候毛（澤東）離世，聽說是睡覺時離開，環境好了，那時物價便宜，幾元一對拖鞋，很多人會買很多東西回去。

問 就像現在的自由行。

李太 大陸很窮，好多東西都要買回去，還要用糧票買，衣物食物都要用糧票。當時生意是最好，生意也持續了十幾年，九七後就轉差了。

李生 但會一直好落去，香港無可能差的。

李太 勤力做，養到小朋友，但仔女也說做了幾十年，應該休息。我的舖其實今年收走了，只不過有朋友租別一個檔位給我們。

問 拍拖結婚也在長沙灣？

李太 我們上班時認識，之前在工廠工作，婚後就開始賣鞋，賣了四十幾年。結婚後才開始賣，以前他做甚麼我也不清楚。

問 一開始賣鞋在這兒？

李太 先在昌華街，渣打銀行附近，隔兩條街。到九十年代就在這兒，我們住在樓上，住三樓。昌華街二十年，這兒二十多年，一世人有四十多年都在街上。

問 最大改變都是附近已經填海起樓？

李太 改變了很多，蘇屋邨的樓房也變成很高的大廈，以前都只是七層。

問 習慣嗎？

李太 無所謂，環境是變熱了，以前有海。現在家家戶戶都有冷氣，以前街邊較涼快。

問 以前在海邊，又多海風。

李太 樓也不太高。

李生 我還可以去釣魚，釣泥鰍。

留食不留宿，最緊要慳慳地買到層樓

地點／土瓜灣　訪問／袁彌明
受訪者／甘瑞燕　整理／何阿嵐

問　婆婆今年幾歲？

婆　七十七歲。

問　一點也不像七十七歲。你是甚麼時候來到香港？

婆　應該六三、六四年，當時二十六歲左右。

問　從那裏來？當時是怎樣？

婆　廣州。廣州當時以織布為主，不，記得也有好多廠是織蚊帳。

問　當時是怎樣申請來香港？為何選擇到香港？

婆　結婚後與老公來，但來到香港已是結婚兩三年後的事。

問　那為何老公會來香港呢？

婆　我自己想來……

問　但你剛剛又說？

婆　（我來到香港前，）其實他在香港有好一段日子了。我們在廣州結婚，當時我們是住在同一條街的街坊。留在香港後不久有了小朋友，就留在這兒落地生根。

問　當時你和你老公住在哪裏？

婆　老公本身應該在新柳街住了一兩年，我來到香港後就到土瓜灣道，漢寶（酒樓）對面的樓房生活。

問 那裏是屋邨來？

婆 不是屋邨呀，應該叫做東興樓，當時只能租，哪有資格買。

問 當時你們做甚麼工作？

婆 我穿膠花，老公做白牌車司機（編按：指非法載客營利的非商業用途車輛）。

問 來到香港頭一兩年的生活怎樣？後來又有六七暴動。

婆 當時四日一次供水，你還年輕未必知道。（至於）六七年暴動時，大多時間留在家，不外出，記得煤氣鼓旁的電池廠有炸彈，我從窗看出去，有人放了炸彈。所以當時不想出去，（回家前）一定要買一大袋米回家。

問 持續了多久？

婆 數天，持續不太久的時間。其實還可以出街買菜的，小朋友就在家守候，就算有暴動都要生活的。

問 一直在土瓜灣生活？

婆 一直住在土瓜灣，我們在那條樓梯旁一住就住了五十多年，一開始是租的，後來業主要退休，希望我們買下來。最後我們和仔女夾錢買了。多年都要依靠這條樓梯上上落落。

問 土瓜灣有甚麼好去處？

婆 沒有甚麼好去處，但住在這一區較經濟（編按：指生活費較便宜），交通方便，只是上落樓梯困難，但正因為經常上落樓梯，身體才這麼好。

問 這兒有很多車行，但從前呢？

婆 膠廠，沒有太多車，那邊有一間做鈒骨（編按：將褲腳或衣服等的邊緣縫紉）。還有機器廠。

問 工作都要到工廠？

婆 孩子出生後就沒有到工廠，在家工作，將做好的拿出去賣錢。

問 老公一直是白牌車司機？

婆 後來轉行做的士司機，不過工作期被警察抄牌，還要停牌。之後他去做塑膠花，做了幾個月。那時候又有幾個小朋友要養，很淒涼呀。停牌後更無了牌，做塑膠花做了幾個月，朋友見我們可憐，就和我說：「潘師奶，你大人不吃，小朋友都要吃，不如叫你老公去買輛貨車，錢不夠，就先扣人工。」老闆人很好，老公也就一直做到退休。其實退休後也做了幾年雜工，我就在仁孚（大廈）做了十幾年清潔。

問 這一區和以前相比，變化有多大？

婆 變化不大，只是政府（為大廈）做了維修，可以說無太大變化，是這十多年多了車房，特別是這幾條街。

問 住在這兒有甚麼令你特別深刻？

婆 交通方便，買菜又方便。

問 年輕時，兩公婆要養大幾個小朋友，辛苦嗎？

婆 辛苦呀，如果當時有綜援一定很不一樣，一家五口睡在一張單人床上，每次提到以前總覺淒涼，現在生活算不錯，有餐茶飲。

問 有後悔來香港嗎？

婆 又沒有，在上面不是更辛苦嗎？我以前做織布工人時，晚上會提供飯菜，有些人更會帶豬油回公司豬油撈飯。提及以前，無論廣州還是香港都很淒涼，人活得死去活來，但無法子，有小朋友，只希望當時勤力點，到老生活不用那麼淒涼，希望能先苦後甜。唉，一切只能怪自己。現在有得飲茶就好了。以前上班，都是吃冷飯菜汁，把飯菜放進漱口盅帶回公司吃，回家也是吃冷飯冷菜。

問 生活何時好起來？

婆 孩子們外出工作，結婚後就好起來。

問 那麼，你老公當初為何來香港？

婆 上面經常要開會，他不喜歡做這些事。

問 可幸能夠來到。

婆 對呀，但當時我們是走後門來。

問 意思是靠關係？

婆 寄一些東西給警察。話說我阿媽來港前更可憐，她非常虔誠，但（在上面）不能夠拜神，只能用幾口煙仔來當香來拜神。

問 拜神也不行？

婆 當時（文革）甚麼都比人拿走，拜觀音更加無可能，說來話長了。

問 生活有多苦？

婆 當時沒有吃也沒得買，限制多多，一定要有糧票才可以吃飯，連買毛巾都要用糧票，但每個月又有多少糧票呢？我和老公拍拖時他已在香港，所以他可以不用糧票買食物，不過只限兩次，他不吃讓給我。來到香港，只要有錢就可以買，香港工作又不用捱夜，當時廣州工作分成三班制，不用捱夜已經很滿足。雖然窮，但只要有錢就可以買東西，最多是買便宜貨品，貴價米一蚊斤，那我就買三至六毫子一斤的，起碼有選擇。小兒出世時，我會到藥材店買煉奶，原本六毫半，但我等到特價賣六毫時才買。以前每件事都要慳錢，真淒涼。

問 但孩子也大了，也有家庭。

婆 兩孫兒升上大學，仔女都買到樓，雖然有一個買不到，我自己又有一層。

問 但買樓真的好困難。

婆 是呀，正如老公說：「香港地，留食不留宿，最緊要我們兩個慳慳地，買到層樓就好啦」，死慳死抵，慳下來的錢就存起來買樓，我們再將它用來收租。我老公好慳，（夏天）連風扇也不開，只用紙扇。

問 如果無樓，很難想像。

婆 我老公二十幾歲時已經這樣講，「香港地要有層樓，留食不留宿，但有層樓呢，乞食都有地方住」，我們都慳。政府會給我們千幾元（生果金），讓我們可以飲下茶。平時多數只吃麵包，工作時都只帶兩個豬仔包，不過都是以前的事。現在的生活確實好了一點。

問 還有仔女養。

婆 仔女有錢才給我們，沒有也無所謂，有千幾元生果金，兩個人大約三千多元，應付到生活就可以了。

問 仔女都住在土瓜灣？

婆 兩個是，還有一個在大埔

問 你平常會去那兒？

婆 飲茶，(老人)中心有得玩就去玩，中心叫我去就去。

問 街坊街里你又認不認識？

婆 不認識了，以前的才認識，好像剛剛走過，見到的那位女士我識幾十年，有很多都搬走了、死了。住七八樓的賣了樓搬去和仔女住。我住在四樓，以前七樓那一間都賣了，所以樓上樓下的鄰居不認識，新搬進來的新移民又不會和我打交道，不理人，就算點點頭打招呼也不太理會，這兒好多新移民。

問 有沒有親戚在大陸？還是在香港？

婆 還有侄仔姪女，生活比我好得多，他們經常來香港購物，但不會來探下老人家。我阿媽走了幾年，在老人院，我阿哥又病死了，香港無太多親戚了。

問 當時坐火車來香港的嗎？

婆 我從澳門過來，澳門住了四十天才過來，也有人住了半年才能香港，後來放寬了。我來時「好威水」，當時老公拜托人寫了封英文信交給當局，原本要等半年，一下子變成等四十日就能來了。來香港時好優待，坐船我們可以先行，反而澳門人不是優先。

問 你老公好聰明，用英文信。

婆 當時好威。但來到香港就慘了，要租單身麻甩佬睡的床位，還要是一間房三張碌架床，很多碌架床上，都是一對夫婦或者單身男人。十幾家人住同一個單位，床位只有五、六張，我也睡了兩晚開始找房子租，一個月六十元，只有一張寫字枱(大小)，食飯都要在床上。仔女當時還細，就在床邊多安裝一塊板，搭成床。那時連交租的錢都沒有，工資低，一個月最多只有百幾元，做十多小時都只得三元半。那是六十年代的事來了。

問 你甚麼時候租到自己一間屋？

婆 三十年前，我們再將其他房租給其他人，租幾間房出去，餘下一間小朋友，一間我們兩個「老野」。現在的房子自住，環境好了點，仔女也有樓，他們不用住在這兒。

問 當時的香港人都窮，但至少打工都可以租到屋，能夠生活。

婆 當時慳，還有兩公婆勤力，就算有小朋友都會工作，七十二行，幾乎七十一行都做過。沒得穿膠花，就去釘公仔衫，車公仔衫，甚麼都做，有工作就去做。

問 起碼有選擇，一定有工作可以做。

婆 最重要願意做，現在想做都無得做。以前買樓又貴又難，沒有（銀行）按揭，錢要一次過付。不過萬幾元就能買一間，當時買了一間在七樓，說到尾最重要慳和勤力。

問 之前提過十三街的事，可以告訴我多點嗎？

婆 十三街很多廠，有製衣廠、玩具廠，我做過一間是做蛇公仔，放學回來幫手油公仔，幾銀錢一籮。這裏還有塑膠廠，街尾有一間塑膠廠，以前和老公去工作時，遇上欠糧，欠了我們幾個月人工，就一直在那兒借住。十三街以前都是細廠來，後來都成了車房。

問 當時人人都會有很多工作？

婆 有人做膠花，也有人釘公仔衫，為玩具上色，甚至需要用機器來做。

問　換到幾多錢？

婆　十多元一日，不錯的。日做夜做，小朋友上學後再做。後來小朋友上中學，我才外出工作。那時阿媽從廣州來香港，我就到紅磡的仁孚工作，一做做了十幾年，福利好，「搵到兩餐」。我會在公司食飯，老公就回家吃。總而言之，盡量慳，以前慳一元得一元，依家慳十元得十元。現在環境不同，兩老能上茶樓已經不錯，以前哪有可能？我四歲就沒有阿爸，一直不識字。現在在老人中心學，至少識寫自己的名字了。

城市變遷就像對記憶的拆卸

地點／鰂魚涌　訪問／袁彌明
受訪者／黃靜　整理／何阿嵐

問　你的父母何時來香港？

黃　父親二十多歲來港，從廈門偷渡，他們是一家人坐船，但有一些哥哥姐姐早已來到，他和一些兄弟姊妹一起來香港，他還有一些大姐姐哥哥在故鄉。

問　當時他們的落腳點在？

黃　我也不確定，父親很少講起從前的事，他好像提過九龍區，觀塘附近地方，之後再到港島區工作、生活。

問　有沒有聽過你父親講起在鰂魚涌過去的日子？

黃　他沒有提過有甚麼深刻的地方，反而談過不少到處工作的經歷，他算是工人階級，所以會到不同的工廠工作，經常轉工。

問　當時他做過甚麼呢？

黃　有太古船廠啦，又做過可樂廠，在這附近做過不少，連鋼鐵、餐廳廚師大廚也做過，在鰂魚涌區走來走去。

問　你知不知為何他停留在鰂魚涌？因為有親戚？租屋？

黃　我想因為船廠的工作而令到他在這區落腳。

問　只是因為工作關係？

黃　是的，因為船廠人工高過普通工人，當然工作會辛苦很多，好像要在船底燒焊，這些事都是一兩年前他才告訴我，燒焊工作非常消耗體力和危險，但因為人工比其他工為高，所以開始了船廠工人生涯。

問 再談談你爸爸以前的生活，他何時結婚？怎樣認識你媽媽？

黃 後來呢，他成為導遊，可能他開始熟識香港社會形勢和地方，廣東話進步了，開始做一些服務行業，當時我媽媽也想做導遊的工作，（剛巧）見了爸爸工作的旅行社。爸爸說看到媽媽CV上的那張相，就一見鍾情，未見真人已經愛上我媽媽。

問 媽媽呢？

黃 雖然在旅行社才認識，但他們的背景很接近，好像活在平行時空一樣。爸爸是印尼華僑，他在印尼出世，爺爺在當地生活、開廠，在建設新中國的年代，有不少南洋移民回到中國，亦因為印尼馬來西亞有排華事件發生，他們又有份愛國情操，半推半就，驅使他們回到中國。媽媽（和她的家人）也是這樣，她在馬來西亞檳城出世，公公就是工程師。爸媽兩家人都在南洋生活多年，而且有富裕的生活，原本很安定，但因為社會動盪，也因為他們的理想主義，想回去自己故鄉建設新世界。

問 但他們都沒有回到大陸，直接來到香港？

黃 其實有，但大躍進大飢荒文革這段時間，實在太辛苦，一個極度窮困飢餓的情況下，令他們選擇出走。剛剛也提到兩家人原本都是做生意，也是專業人士，但回到大陸都是做苦力，司機等藍領階層工作，（對他們而言）極度艱苦，再加上文化大革命的批鬥浪潮。雖然他們不是被主力批鬥那一群人，但公公婆婆也嘗過被批鬥。至於爺爺因為返去時有不少資源財富，我估計他在文化大革命也中招，媽媽沒有給人批鬥的主因是因為太窮，那段時間生活的人們都覺得不知如何生活下去，開始有偷渡潮，抵壘政策，所以兩家人也不約而同來到香港。那一代人的經歷有好多相似的地方，差不多的逃難路線來到香港，只是想不到最後會在香港相遇。

問 你的爸媽有沒有提起來到香港時的日子？之前訪問不少人都提到為了生活，不停賺錢……

黃 他們都只能夠住在不到二百尺的單位。他們不太懂廣東話，因為二人都是福州人，除了少少印尼和馬來亞話外，亦因為成長的年代都在內地，所以主要以普通話、福建話和閩南話溝通。這使他們來到香港時面對很多挑戰。記得媽媽提過，曾經做時裝店。她生來樣子標緻，可以做時裝店售貨員，但因為不熟識廣東話，被同事欺負，情況頗嚴重，頭一兩年在那裏工作也是如此。她後來用了一兩年時間學好廣東話。不過爸爸語言天分就……

問 可能船廠工作，無需太多溝通吧。

黃 爸爸也很努力學習。他們不止一份工作，初來香港時很想盡快脱離貧窮，很拼搏。媽媽一開始住觀塘協和街，一家六口只有百幾尺，四兄弟姊妹都很努力工作，兩年後就買到樓。其實是很強的鬥志和生命力。

問　六七暴動時的生活呢？

黃　他們應該還未到香港，大約七十年代初來到。

問　有沒有提到文革，大躍進的日子？

黃　小時候媽媽會談多一點，她當然沒有參與其中，但她的哥哥有。舅父提到的都是上山下鄉，到鄉村坐火車，很開心可以到處玩樂，並不知道是一場政治運動，更無參與批鬥，只是迷迷糊糊地參其中。我媽媽當時應該只有十歲，乖乖的在學校讀書，但當時有一位她很喜歡的老師，給人批鬥批死了。她亦有鄰居給人批鬥。

問　十歲左右，會不會不太理解？

黃　我常常覺得，他們那一代人重提往事，都有一種雲淡風輕的感覺。事過境遷之後，那管經歷過很極端的事，都說得淡然，因為過去了……過去的事，就由他吧。

問　他們用這種態度重談往事。

黃　我認識一些人，他們以前是軍人，亦都受到（共產黨）好多壓迫，但至今還支持這個黨，實在難以解釋。對了，你自己還住在這一區？爸爸媽媽也是？

問　和他們一同生活，一家人一直在英皇道上搬來搬去，租過南豐新邨，亦曾住在北角官立小學旁。那裏以前是一座舊樓，住了很多年，之後再搬到這邊的舊樓區，曾經住過西灣河，但最長時間都是在英皇道上。

黃　平時你爸媽會到哪兒？或者在這一區會花時間做些甚麼？

問　記憶中他們很少待在這一區，我們會去遠一點的地方，例如會到尖沙咀的印尼餐廳。鰂魚涌的社區設施，除了鰂魚涌公園就沒有其他了。鰂魚涌有一半已經變成商業區，其他鰂魚涌市民也很少留在這區，所以小時候(爸媽)帶我們到銅鑼灣、太古城吃飯，很少在鰂魚涌。長大後，反而多了時間在鰂魚涌逛街，飲咖啡，阿媽也會在附近買菜。鰂魚涌好像分成兩個世界，我們身處的位置前面是太古坊，後面的華蘭路一帶就是舊樓。

問 最大變化？

黃 最大變化可以說太古坊附近，還有我自己住的地方。我剛才提到曾住過一座舊樓。那樓旁邊有一所小學，我可以從窗外看見小學的操場，後來那座樓重建變成豪宅。我們一家其實只是租客，但住在那裏起碼二十年了，為了收入也成為二房東，把兩間房租出，我們一家四口住一間房。當時我們有很多不同的租客，和他們關係也不錯，但最後都被逼遷了。那是我們一家住得最長時間的地方。我成長主要也在那兒，最好的朋友都是小學同學。

問 但小學和你住的地方都拆卸？

黃 我住的地方拆了但小學還在。對我而言，這更像對記憶的拆卸。小學雖然還在，但舊樓沒有了。有時候經過那兒，我還有膽顫心驚，一家人(經濟上)真是咬緊牙關。我家出租兩間房間，每間最多只有百幾尺。記得其中一間住了新移民，他們的處境和我們一家也很相近，只不過他們是八、九十年代來港，我們只不過比他們早一點來到，就可以租屋給其他人，當然是平租，又能互相照應。記憶中，這一班人好像境況差不多，大家生活都不安定，雖然逼住在同一個空間，但亦盡量令自己安然生活，至少大家可以互相分享。其實每次的租客也很不一樣，除了新移民家庭，亦曾有過幾個男租客，都是從內地來，幾個「麻甩佬」住在同一間房，只因等他們的太太申請到香港，但等十幾年，就在這兒住下來，都有十多年了。從小我便聽他們講粗口。(笑)他們的日子過得一天是一天，但每個人也很掛念家人，直到一天，其中兩位太太來港，房間由三個人變成五個人，最後太逼才搬離去。我好像和他們一起經歷了同樣的人生那樣。對我來說，那地方佔據了我生命中重要的部分，所以當要清拆時，我和一些社運朋友都去做了一些紀錄。談到這一區的變化，特別太古坊附近，我想起只有這一座樓，但記憶卻很深刻。

問　聽說，我們坐的這個地方，以前是一片海。

黃　我也聽爸爸這樣說過。

問　很難想像當時是怎樣的環境，試想想，我們其實坐在海上。

黃　香港有很多地方是填海，也解釋了為甚麼這兒的地勢較一般馬路為高，這樣就解釋了舊區和新區的分別。問過爸爸，這兒是他以前工作的船廠。

問　又可能以前你爸媽就來到吹下海風呢。

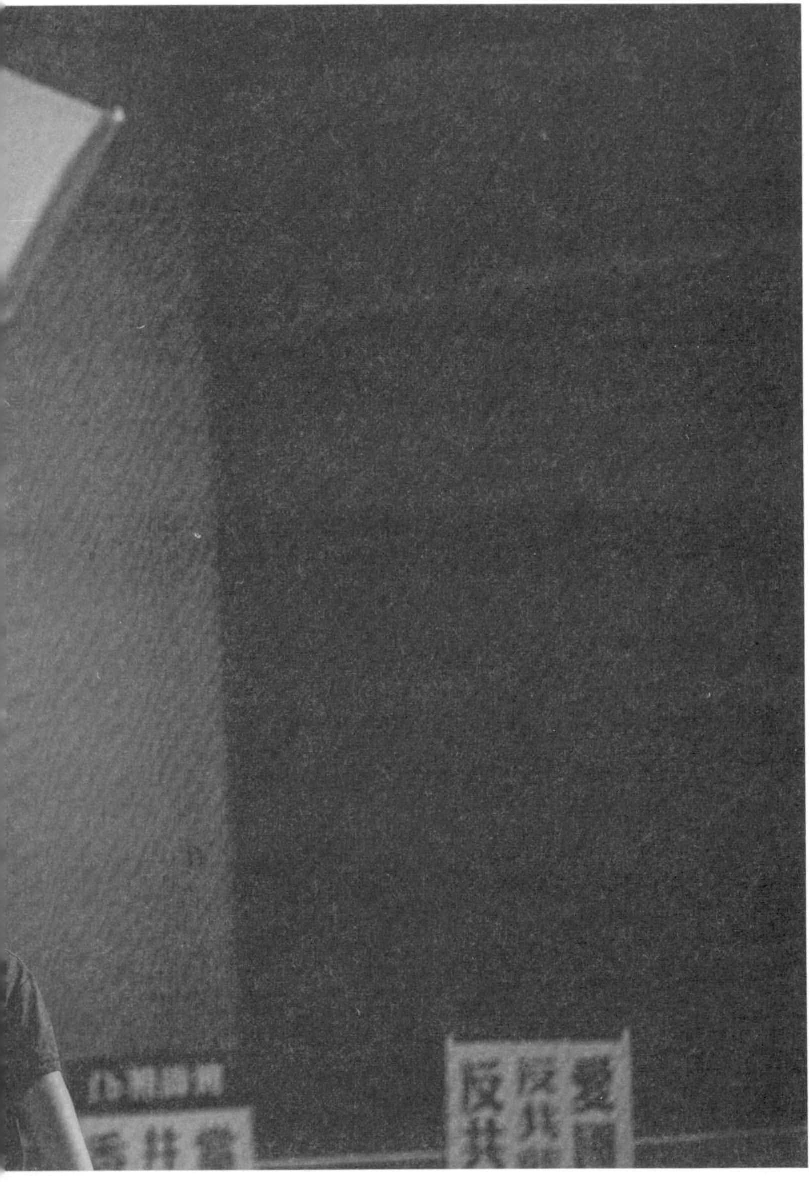
愛國
反共
反共

OCCUPYING CENTRAL 的三場討論

前言

在電影內嘗試呈現 Occupying Central（OC）內的討論。當然，我無法把那時討論的狀態或時間完整地「重建」。OC的討論是他們理解別人想法的重要過程，結果不重要，重要是大家參與了討論，所以討論的時間相當長。

我重建的只有討論的內容。我把OC放在不同的地方，因為三場討論各有不同的議題。在中環的行人專用區，與外傭一起共用地方，討論佔領；在深水埗通州街玉石市場旁，討論住屋與瞓街；在夏慤道天橋底，討論剩食和生產資源。

參與討論者，都是曾經在不同時間參與OC。而他們，真的，在熱烈地討論。

參與討論者名單（按筆劃序）

周諾恆 Jaco —— **JA**
唐頌恩 Sonia — **S**
梁穎禮 —— **禮**
羅冠杰 —— **杰**
葉文希 —— **希**
袁文俊 Day —— **D**
譚棨禧 —— **禧**
鄧安怡 Corex — **CO**
麥家蕾 Cat — **CA**
黃佳鑫 —— **鑫**
黃韻思 —— **韻**
黃麒靜 Jojo —— **JO**

OC場景一——中環行人專用區，討論佔領

我們在星期日的中環行人專用區，陳設了仿OC的場景。有沙發、書櫃以及一張很大的橫額寫着「反資本主義」。地上有一布條寫着「誰說我們要特首？」。旁邊是與我們一起共用着這地方的外傭，他們唱歌跳舞，很不快樂。然後，他們坐在地上，沙發，開始了關於佔中的討論。

D 香港大部分人都喜歡錢，會覺得露宿街頭是白痴行為，對生活想像也很窄小。我想談談這些想法如何形成，而人本身又是不是這樣排外的呢？另一個問題是，到底左翼是不是精英主義？是不是要有很深認識才能交流？香港很少人有充裕的時間看書，知道如何分辨左右，更何況是公民抗命、重奪社會？為甚麼我們要重奪社會呢？社會不是我們的嗎？

禮 我覺得問題不在於普羅大眾懂不懂分辨左右。普羅大眾可能對於足球、party，甚麼文化藝術都不太理解。我反而覺得，人根本掌握不到自己生活，沒有空間去理解世界發生甚麼事，整個社會和資本主義限制了我們，我認同你說很多人沒有時間理解左右(的分別)。但我們很難掌控自己生活，所以有很多事情不能理解。

CA 那要看你所指的左翼右翼是甚麼意思。我覺得左翼右翼更像是一種身份。不懂分辨左右的人就不能談自己生活問題嗎？到底是怎樣談生活問題，才會去到左翼層面呢？有時不是分左右的問題，而是究竟你想處理一個甚麼問題，你想別人怎理解。凡事先想左右，

其實處理不到問題，只會停留在身份的討論。

D 一開始我們談的，不是左右翼身份，而是關於排外的問題。

韻 這好像是談人性本身。有次我看電視，聽着兒歌，發現兒歌的歌詞多是不分你我和國家，大家互愛。如果把這些內容放在政治層面，他們就是左翼，談平等包容，甚至是左膠。從小到大我們也聽過不少，但只在很單純的層面，小朋友相親相愛。長大成人後，別人會告訴你，資源有限，甚麼都要爭，近一點的人我們可以先分享給他們，但遠一點就……我想說的是，人本身到底是不是這樣（排外）？人本身並沒帶有這些概念的，是我們在成長過程中，被放進很多東西，讓我們成為那種人。

JA 今天原本要談論的是我們留不留守。最初，沒有人想過要留守的，我們只不過想抗議，而支持的人又設法借機做點事。到這，留在這兒的人需要確認一下，留守為的是甚麼呢？而我們又該怎樣建立我們想建立的呢？

禮 以往的社會行動多是堵路，但現在我們是在佔領。我覺得需要有篇聲明談談我們為何要行動，[1]為何要用佔領作為反抗方法。

鑫 在這段時間佔領，一定和華爾街有扣連。但當然，本地也有本地的問題。坦白說，之前大家都試過堵路，但都是在夜晚，路上沒有車，警察凌晨就會帶走你，早上就回復正常。我和朋友出來（行動）都在想，有甚麼方法可以停止資本主義運作？是不是真的有方法？至少不想再看見這樣的狀況。[2]

禮 遊行的本質是甚麼？是遊街示眾。但遊行往往都是在星期六日，好像來來去去都差不多。為何不能日日遊呢？佔領不就是日日在做嗎？佔領絕非只在坐。我們佔領了一個地方，開始設想設置圖書館，另一邊則是睡覺的地方。這是練習共同規劃生活空間，由自身出發。

韻

當我們舉起反對資本主義的旗幟，就會有很多人過來與我們爭吵。有些人是在系統[3]裏的既得利益者，又或者在共產黨控制下被迫害。他們會問你們是想革命嗎，並對此感到驚慌。但我覺得，有這樣的對話（爭吵）也不錯，除了「維園阿伯」會與我們爭吵，我很少機會可以談甚麼叫共產，甚麼叫資本主義。

關於共同生活，我們有地，有時間和空間，既然有資源，就應盡量去做。外人看來不知我們在做甚麼，但是對於認識的人，像重建的街坊，他們會來合作，會來一同想想這條村或街道該怎麼用。

CA

佔領需要條件，基本條件就是有時間，廿四小時，不停運作，要有人願意付出大部分時間佔領，等待更多人來，然後持續運作。佔領使我們的生活形態不同了。以往，我們其實是沒有社區的，社區空間很少，人與人沒有太多交集，互不認識，各家自掃門前雪，資本主義使人變得原子化。佔領製造一個空間，使大家有機會相遇。以往我們放工後，除了行街、吃飯和看戲，其餘時間都在家。我們可以把在家的習慣帶到公共空間，在家的時間都變成來留守佔領，談的話題未必很政治，但人與人之間的相處卻能建立新的關係。抗爭需要集體力量，建基於人與人之間的關係，之所以有集體力量，是因為每天留守相處。以上總總會得出一個共同基礎，最起碼是大家互相理解，知道對方做甚麼。唯有這樣，才能生出一種能量和機

---

1 行動指的是 OC 這個行動：佔領中環，在中環滙豐底部佔領，然後生活。

2 「這樣的狀況」指每次遊行示威後的堵路和清場，然後一切如常，好像甚麼都沒發生。

3 資本主義／政權的系統

會，推向更遠。

韻

我未必有這麼遠的目標。但是大家認識了共同體後，可以做更多啦，在這裏也開始感到充實，學到很多事情，像重新活過人生般。每天在佔領場地談天到凌晨三、四時，隔天上班居然也很精神。這是個令人有動力的生活。我們首先要有這些機會(在一起)，而不是各自去做，至少找到一起前行的人，不然會感到很無力。

CA

無力感來自孤獨，兩件事其實很貼近。若然只有自己去處理，去衝破，會生成無力感，這種無力感很有問題。這種狀態在集體中可以去處理，因為你能在其他人身上得到力量。個體是無法面對這麼龐大的體制，捉緊對方時，力量就來了。

S

這裏確是一個實驗，[4]我好撚無力呀仆街，所以要走出來吹水，好像會開心點。我們如何處理這種無力感？雖然大家都在試，但也不知結果會如何呀。我可能沒有你們那麼進步。但這是一個實驗，至少對我而言是這樣。

D

我們不會否認，出來佔領很難，門檻太高，要面對問題不少。談到討論，為何不在網上用chatroom？雖然很多人是CD-ROM（只讀不回應），但門檻會低一點。不是每個人都可以佔領。我感受到身邊人(對我們)的觀感是，屌，都不知道你們在做甚麼，也有人會說，我知，你們做行為藝術。(眾笑)他們不會深究你背後的精神，他們知道華爾街發生甚麼事，但會覺得你們與他們不同，覺得香港未到太差……

禮

我們不是急於去講話，像全民退保、強積金，這些話題每個人都可以談得頭頭是道。但為何會有這些事物呢?這些問題背後的經濟結構又有甚麼問題呢?剛剛 Sonia 提到實驗,我認同,但這是一個怎樣的實驗呢?佔領是不是一種組織方法?佔領確實有門檻,每天在這兒睡,開會也很夜。我之所以來,是因為對社會不認同,希望能與有相同想法的人一起反抗。不過佔領不是終極理想世界,只是一個過程。我會想,佔領的人對社會不認同,然後開始組織,由身邊人開始,不是說住在旁邊的人,而是思想上相近的人。在還未理想的情況下,佔領不單是反抗,更是一種組織方法,嘗試一起討論,一起生活。但現實上根本沒有去做(組織),就算社運朋友都只會在 Facebook like 下對方,或者在遊行時 say hi。我們真的需要空間認識更多人。

希 正如禮所說,佔領只坐在這裏不去行動是沒有意義的。我們佔領一個地方,不是用錢買回來的,有需要向公眾說明我們在這地方做甚麼。例如一些生活實踐,在超級市場收集剩食,在這裏分享食物,這樣佔領就有意思。可能有些形態門檻很高,但我們要示範給別人知道,我們並非為錢出發。我當然明白 Day 所說,對於外人來說,這裏的人很離地。其實這些生活實踐也非難事,在小地區慢慢做,與身邊的人合作。如果我們只是來聊天,chatroom 就做到。佔領是反抗,也是革命的前奏,我們對現行制度和生活不滿,就需要身體力量。

韻 在中環住的人,除非是住半山的人,我們都可以去認識,像睡在 IFC(的露宿者),我們可以帶剩食給他們。事情很奇妙,我們做這件事後,露宿者竟會各自去做,但原來也有其他人在做,事情就展開了。在這地方,我

4 對於佔領者來說,佔領且共同生活是一種實驗。

們沒有太多事可以做。在這兒能遇到的一是上班的人，一是星期日的外藉傭工姐姐，一是露宿者和遊客。我知道也有人（在這裏）實踐，叫遊客來睡。我不知他們（遊客）用甚麼心態來這裏睡，但我們又可以和他們談談香港佔領是甚麼一回事，解釋一下與世界各地同類型的佔領的異同。遊客會到其他地方，就能把這兒所見所聞告訴其他人知。當然，我們都知道（佔領）有門檻，也不認為能喚起香港大部人來（這兒）睡，只是希望大家有耐性互相了解。我不排除 Day 剛剛所說，我們可以在網絡上談論這些話題和認識人，所以 chatroom 都用他們的方法去談他們認為重要的事情。我個人不喜歡面對電腦，更喜歡直接面對面交流。我只希望各種方法之間，不會互相排除。

鑫

提到門檻，就算是我自己，都會覺得，從外面來看，我們是一班廢青，理想主義者。我

希望的是，不是不認同就不理會你，而是有機會相聚一起，有興趣過來談談，儘管不是我們所有事都認同，也可以了解這裏發生甚麼事，說不定傾談時會有一些變化，我想這才是大家出來的原因。資本主義把人變成獨立個體，我和朋友都想單純地過日子，但由小到大，其他人就說競爭值，到你死那一刻都在說。這不是我理想的生活狀態。

CA 附近的人其實可以進來一起坐。

JA 我覺得佔領要有內部組織，是想多點機會讓人變成所謂的activist也好，或者持續做社會運動或者實驗場所也好，都是一種展示。對此，我覺得有阻隔的地方是，到底我們先多做先鋒實驗？還是實驗一些不在這個場地發生而是一般人生活也能做到的事？再具體來說，我們開會的進度要更有效率。我們連帳篷怎樣放，都要討論到天光，如此我們不是示範商討的可能，而是商討的不可能。連帳篷都未能弄清楚，我們如何去討論整個社區規劃呢？像公屋建在哪兒，游泳池在哪兒。我們要有更多方法。

鑫 我相信有方法可以改善的，而我認為我們商討的可能性，在於我們之間到最後不是100%的認同對方的。商討和相處是需要，可能我們對帳篷放在甚麼地方未必完全認同，但過程是一種示範和實踐。

D 我不太認同（要有效率）。我覺得未討論前，我們不會知道有甚麼結果的。香港的生活每件事都很趕迫，生活就要有效率，認為太慢就浪費，但浪費了甚麼呢？我們是不是有權「浪費」呢？有沒有時間給我們慢下來？

S 效率不只是快，討論到天光是不是慢呢？討論到五點就是好撚耐，這句話背後對時間的想像是不是太狹窄呢？

禮 討論題目大小，需要的時間不同，這很正常。

韻 不能單純只談快不快，那事有多大影響也很重要。另外，我理解的是，這裏的人認識不久，所以要慢慢試出一種溝通方法。每個人的速度不同，只希望互相了解後，有退讓的可能，然後才能快。

CA 我想回應幾個問題。為甚麼網上世界不能討論？Facebook 或網路世界上人們說了很多，但這到底是不是討論？好像慢慢變得兩極化，各自講述自己立場，並把立場推至極端。討論本身是想去說服對方，但因為（在網上）各自表述立場，未必聽得清楚別人在說甚麼，使原本可以共同發生的沒有發生，無法溝通。面對面時，我可以接收到很多信息，不只是語言，還有語氣、態度、表情，使我知道很多語言外的信息。我覺得這對我來說很重要，幫助我理解對方。例如一個人說服別人時，會有很多情緒，很多起落，透過面對面的過程，我可以去理解更多。別人能否感受到關心，受不受重視，就是從這過程裏去理解。假如因為我所說的話而不快，那至少我有機會去面對這些問題。佔領正是實驗以上的總總，我們因為制度而失去這些經驗。放棄自己的方便，放棄原有世界給你的便利，由自己去設計，才可以鬆動制度。

D Chatroom 裏只提立場，不去理解別人的立場，爭吵極多。我認為討論不是立場分野。我們得到的資訊不一，排外的人以為中國人壟斷資源，但真正壟斷的其實是政府；我們常被導向針對弱勢社群，而真正的問題可能是資本家。Chatroom 依然可以有討論的可能，網路世界會不斷壯大，相信將來動員，會透過網路多於像我們坐在這裏。剛剛你提到放棄舒服的環境，這個門檻也很高，誰會願意這樣去做？

鑫 怎樣使更多人可以參與？

JA 我不認為舒舒服服去討論事情有甚麼問題。這裏原本有中學生參與，但因為我們的開會形式，你要他們怎樣去參與？「生活在抗爭，抗爭就是生活」不只是概念，生活不是概念和唯心的事。我們實踐能否生活化一點，成為普羅大眾的事，我們也知道，有些人只可以在特定的時間空間做事。我也知道面對面有其好處，但他們不能來面對面就參與不到嗎？絕不是。舉一個例子，資本家在他們的時空裏，都很共享，壟斷性企業便是互相分享呀，一同壟斷市場。我們這班人很窮，但文化資本比很多人更好，一一坐在這裏，我自問好撚幸運，不用給家用，又沒有兒女，我很幸運，很多人想像我這樣也不行。社會運動不是講大家都做得到的事嗎？

CA 舒服，只限說開會。佔領想吸納甚麼人？希望甚麼人參與？又有甚麼生活狀況？有沒有人要上班十二小時，又想來參與呢？我相信有。問題是甚麼人會想來參與，知道了後就要讓這個條件發生，而不是說要所有人都來參與，這根本沒有可能。舒服的事，若然我放棄我的時間可以使大家可以聽到工友的故事，我願意去促使這個討論發生。

OC 場景二——深水埗通州街玉石市場旁，討論住屋與瞓街

在深水埗的玉石市場的入口，馬路的轉彎位，我們陳設了 OC 的場景。而後面的橋底，就住了很多露宿者。一橋之距，就是新建豪宅，場景很魔幻。我們就在這裏，開始談論住屋與瞓街（在街上露宿／佔領）。

禧 我們經常談社區，那麼何為社區一份子呢？

CO 有沒有人到去社區工作呢？嘗試和人和街坊接觸？

希 社區又是甚麼呢？在附近上班的人又算不算？Facebook group 算不算？

禧 社區是不是地緣意義才叫社區？

S 如果只是講社區生活想像，有人會覺得不夠，大家是可以選擇社區另類生活，我們去做，但旁邊的人呢？

鑫 社區包括甚麼？在半山生活算不算社區？可不可以擴張其他生活方式？

S 你說的生活方式意思是？

鑫 和這個社會之間的關係。

禧 我們認為自己是半個露宿者，我們可以去與真正露宿者結合，也可以讓真正的露宿者參與反資本主義運動，創造反資社區。我們該把自己當成是露宿者去想這件事。

鑫 不是身份相同就可以一起吧？

禧 Sonia 問地緣是不是緊扣社區的重要的特質，我還是未想得清楚。

S 佔領華爾街行動也不是只連結同一個地方，而是每個地區也有。地緣是不是只指在旁邊？深水埗各地方的露宿者都和我們有關係吧？

鑫 佔領一開始時有兩線路線，一邊是佔領的地方有沒有可能成為聚焦點，儲存政治能量，行動可緣此作起點，作為反資的起頭。第二線路線是反資，是如何在生活上實踐。若我們不再租屋買樓，我們如何在這情況下與大家共同生活呢？怎樣在冷酷的資本主義社會下找到人和人的關係呢？

D 反資和露宿者有何關係？

希 共產主義社會下沒有露宿者。

鑫 為何香港會有這麼多露宿者？香港有很多板間房和劏房，夏天木蝨很多，又不通風，劏房用來放物件，落街瞓更舒服。我去了很多類似的地方，與居民聊天，他們是這樣告訴我的。露宿的另一個原因，是樓價高。

S 去佔一些銀行收了的樓，讓露宿者住。

希 露宿者都是在我們旁邊瞓街的人，怎樣去幫？

鑫 從另一個角度切入，我們來佔領前，已經有人睡在這兒十多年，他們不是有意識地做革命，但他們的生活經驗就是反抗高樓價，其中一個出路就是不去住。

CO 因為這裏較少人騷擾他們，所以他們就住在這兒。

鑫 他們也沒有想個長期佔領。

CO 他們都是社會階級的一份子。

禧 露宿是外於資本主義制度的生活方式，我們不用買樓，我們設計出一種方式來配合我，但這裏有一個落差，我們想將落差……

D 理想地想，想知道他們面對的問題，他們有沒有做這種事？

鑫 他們實際上做的事是一種反抗，但和他們聊的時候他們不會這樣想，當然他們也不想這樣，迫於無奈唯有這樣生存下去。他們是迫於無奈，也不是抗爭者，但他們只有在這裏才能生存。

JA 迫於無奈，好像建立一個共同身份認同。所謂的走入群眾，大概如此。但不要自以為群眾，以為是一樣，後面得到的資源已經不一樣，有些人家底比較好。

鑫 你有能力買帳篷，這就已經差很遠了，雖然我們都錢不多。我們不是在扮露宿者，我很討厭這種想法，也絕不因和他們不一樣就不能走在一起。如果每一個人都一樣，就不用搞社運，不用社會組織了。我是相信要找出人與人之間的共同性。我們不是期望他們會加入我們，但至少他們會在社區生活上與我們互相認識。

希 社會上幫助露宿者的方法，不外乎以稅收分少少錢給他們。我們不是要幫他們，而是要和他們一同生活。我們在超級市場拿很多我們不要的東西，可以和他們分享，把我們不要又有價值的與他們分享。我們未必可能要求他們出來搞抗爭。

鑫　我的意思不是期望他們出來搞抗爭，雖然也可以有這期望，有這目標，可以不只是在滙豐底，更會出馬路，然後到不同的地方佔領，嘗試資本主義主流生活以外的生活想像。若現在要 call 更多人出來，就會遇上更多不同的人，要用方法使大家聚合，就是要更多政治能量聚合，將反抗和生活想像結合，結合對於組織工作更有幫助。他們和我們在身份上可以有認同，即使不是100%，兩線路線要結合起來，從社區營造，你可以說這是生活想像。大家看佔領華爾街，會覺得太遠。

希　我覺得不用想太多，甚麼政治能量，為甚麼要佔據這地方。只要捉緊原則，願意去支援就可以。

禧　就算我們能放棄自己的身份，但當中還是有太多複雜的連結，像 Jaco 所講，我們有很多文化資本，根本不一樣。「不要屋頂」是反資本主義能量中一種重要的姿態，我寧願在街上生活，在體育館洗澡。

JA　我們的做法好像和政治沒有直接關係。想要改善他們的生活，甚至是 old school 地想，組織群眾，這些當然也是可以啦。

禧　我放棄屋頂後，不覺得是放棄自己的文化資本，反而，放棄屋頂後，依然會有很誇張的房屋壓迫力。

JA　你是不是想說我們不要放棄這種生活，以生活在資本主義體制之外為先？

杰　我們未曾理解當中的價值。如果能在這社會中找到別種價值，也是一種對抗來的。

JA　現在也有人希望選擇不同的生活方式呀，不過不要影響到別人的權利。我們說的選擇究竟是甚麼？我提議有瞓街權，好像好撚奇怪。說要把瞓街和反資扣在一起，難道多點人瞓街就是反資嗎？不是這樣的。

D 你在這麼壓迫的城市中生活，也要堅持做這件事，如果能做到也是一種生活模態。

JA 何不食肉糜？好多人無奈地生活，你覺得體驗就理解到這種辛苦？

D 但你不體驗，又怎樣知辛苦？

JA 好似 Ice Bucket 體驗。

禧 怎樣能不把體驗當成消費？

杰 社會很複雜，又很大，但往往只有一、兩種生活方式。我們明白露宿者的生活，也會增強我們自己的生活。

鑫 連結首先要分析狀況，要分析有甚麼壓迫，然後問問題，露宿是不是一種選擇？當大家面對資本主義社會，又不能一下子解決租金管制，有沒有其他想像和改變？我們在這框架底下，有沒有其他的可能？

JA 大方向不是應該嘗試解決貧窮和房屋供應不足嗎？我也不是說解決問題就可以做甚麼是甚麼，每個人想住公屋就住公屋，但有人真的想瞓街，不過政府不容許你這樣做。

禧 我覺得不能這樣理解，我們住的地方，空間很少又無彈性，可否嘗試將居住帶入到公共空間生活？

CO 談到居住權，我自己覺得瞓街本來不是一件很慘的事，但事實是，瞓街會有很多標籤。至於建築的方法，其實我們都是沒有選擇，反而瞓街是另一種選擇。我們當然要組織，瞓幾年街的話，我們比起劏房的租客在組織上會更大一點。劏房的流動性很高，不確定業主明年會不會加租，每一天為了生活而粗勞，這種要組織是很困難的。瞓街則是顛覆住屋的定義。住公屋也絕非最好的選擇，有老人痴呆的話，出門後就未必能認到自己門口，因為公屋一式一樣，沒有「地方」的概念。此外，香港的房子一般質素很差，例如窗很小，想想唐樓有多通風？對房屋，我們沒有話事權，例如新樓為何變成這樣，若不怎會給你一百尺也沒有的單位？

杰 好像我們要先處理這問題才可以行下一步。

禧 至少有三件事，希講的是平等方式，鑫説要研究露宿者。第三件是露宿者和運動的關係，如何把他們吸入社運中？

S 我覺得我們的身份是為他們充權。

鑫 居住權竟收窄至此。

JA 這應該是基本保障，而不是收窄。不要浪漫化窮苦人的處景，對於他們生活就是上班和餓的問題，不然就像問，可以食樹根為何要食白飯？我們處理失業問題，這也叫收窄想像？

鑫 是要爭取應有需要和最基本的生活保障，但我們不能把論述收窄到只得這點

禧 但他們這樣做，也只不過是修正資本主義。他們在爭取權利，何喜華為他們爭取「上樓」（公屋安置），他們又很有系統去做。現在香港只有這種形式的公屋，而基本的保障也是需要的。

鑫 問題是，很多運動（的最終目標）只不過是想能「上樓」，最多就是加上加建公屋。露宿者也說，能上也想上，當然也有不想上，因為要交租。但問題是，我們只沿用十多年前的起步式，因為沒有其他方法。

禧 若公屋加建，他們（露宿者）是相對優先，只要願意去玩這個遊戲。因此，公屋加建也是我們爭取的目標，也是露宿者朋友面對的問題。

OC場景三——夏慤道天橋底，討論剩食和生產資源

在中環行人專用區拍完之後，我們圍坐一起，吃着劇組準備的晚飯，然後準備轉地點再拍。外傭姐姐們開始離開散去，然後有婆婆或老人家開始入來執紙皮。時正黃昏，一片金黃，仍然好熱。

CA 剛剛有一位婆婆來這裏，問我們要錢。你沒有給錢，給了她一盒飯？

韻 因為我沒有太多錢，（眾笑）但我有飯盒。要錢，不外乎坐車或食飯，有飯就給飯，這較為直接。在旺角有一位叔叔，牌上寫着「還欠十八蚊開飯」，每次看到時總想：十八元，有古怪！但我給你也只是十八元，如果不給你可能真的無飯食，而我趕時間也只能給十八元。全部人都在趕時間。

CA 香港人很少會這樣，你也知道他其實想要錢，但要錢是要來幹甚麼的呢？坐車食飯，為何要十八元？但如果每個人都送飯，他就會有十盒飯，飯又會過期。

韻 若這麼多人送飯，就不需要錢了，餐餐也有飯可吃。乞錢都只因為怕沒飯吃。如果真這樣發生了，其實是不需要拿錢的。但現實中，這並沒有發生，所以他們問你要錢。

禧 如果想要錢，可能真的不要飯呢。設想，若要錢的那位不是阿婆，而一位伯伯，他要錢來不是買飯吃，而是買咸書，那是否就不正當呢？

JO 看新聞，有時在災區運送物資，會有水，更會有煙。但我想，要錢四十八元買包煙，確實很難說出口，因為這不是必需品。

D 不想食飯，是因為你沒有食飯的慾望。試想想當你餓到仆街，但其他人跟你說不要吃飯吃飽。吸煙的基礎是因為你有飯食。

韻 她不過是說出自己的狀況。

D 在極端危難時刻，很多人沒有飯食，會先解決所有基本需要，才會運煙給他們。

JO 在香港餓死是outdated的事了，因為我們擁有很多資源。百佳、city'super，全都是貴價貨物，像刺身、蛋糕、果汁。賣不去，又過了食用日期，不要的東西都是凍冰冰，從雪櫃拿出來的。很多時，基層沒有想過要去得到這些食物，或者大財團會用盡方法使你拿不到，像「加料」上去，浪費掉也不會給其他人。香港有好多資源，但都浪費掉。不要說超級市場，連自助餐的食物都只寧願浪費。

D 我們每日浪費三千公噸食物，這三千公噸食物一定能餵飽全香港所有人。不少人知道這個數字，但為甚麼我們社群反抗力這麼低？中國人不是說浪費食物很仆街，會畀天收嗎？

CA 其實很矛盾，如果去婚宴，一定要有足夠食物，有食物剩下來，主人家才有面子。

禮 收剩食派給有需要的人，是一種行動。我們去超級市場後門拿走食物，都算是一種反抗，能指出資源過剩的問題。其實我們不是要收剩食，而是要停止過量生產。在這裏會想到反大財團，不要用iPhone，不要吃麥當勞。其實會有在連鎖商店工作的女士拿三文治過來給我們，我們也不是不吃連鎖商店的食物，只是不參與它們買賣消費的模式。不是不吃他們的東西，當然沒有剩食是最好的。

D 但很難呀，因為生產方法就是要過剩，然後刺激你來購買，再新，再新，再勁一點。麵包店內可能有一百八十種類型，但其實我們最主要吃的只有三十種，有些我們永遠都不會食，大家來來去去都只會買那三、四種。為了多做幾款而浪費了很多麵粉，我們不參與（消費），但都是吃麵包店裏的（產品）。

JO 所以我們不買他們的食物。

D 不過都是吃同樣地方出產的東西，在別人眼中是同一件事。

S 食物成為一種符號。

D 你吃下去就是支持。我當然明白箇中困難，像電話，我可以不用嗎？我有朋友真的不用電話，有好多時候都連結不到。基本上所有事物都在資本主義控制下，離不開，那我又如何有道德力量？

禧 如果不用智能電話，自我限制就太大了，社會運動也需要溝通。但對食物可以「腌尖」（挑剔）一點。就算不想浪費，吃麥當勞餘下來的食物也參與了剝削性的全球化，不見得不是浪費，剝削了熱帶雨林，甚至養牛的農場。食的問題比智能電話來得複雜吧？我們在飲食方面會否可以有大一點的彈性做選擇？

韻 對我來說，用智能電話和食麥當勞分別不大，是節奏和效率的問題。我有朋友做跟車送貨，就他身處的區域，麥當勞是最便宜的食店，他也只能選擇它。我也有聽過，食材如白糖、棕櫚油等，倒貼都要賣去麥當勞。就算知道這些事，大家都仍會吃，因為平、快、方便。電話也是，公司要開 WhatsApp 群組談公事，又要廿四小時找到你，放工後都要工作，看 email，覆 WhatsApp，都是應付其他人。但剛剛 Day 提到自己吃不吃，對自己要求有幾「盡」（嚴厲）呢？每個人也不一樣。有人吃素，但剩食裏有肉都會食，因為不吃就會浪費，因為知道就算不吃也只會掉。我過不到這一關。弄這麼多，殺了這麼多豬牛羊雞，最後掉到垃圾桶去。就算我吃素，也接受不了。這一部分是對自己的要求，給不給別人看是另一回事。

D 香港剩食實在太多了。

CA 收剩食的朋友提過，他們最初可以在一間超級市場找到食物的，但當員工知道有人收食物時，就鎖上門，趕走收剩食的人。即日過期的食物會弄得特別污糟（髒），再淋些東西在食物上。因為拿剩食其實是在改變消費模式，對他們來說，為甚麼有人不用消費可以免費得到食物呢？對於財團來說，這行為影響收入。

D 事實上，有 NGO 收剩食會接受過期食物，去連鎖店收集食物，每間都會收到超過20公斤麵包，食到仆街。從這件事上，我們對於食物想像是甚麼？停止消費？還是將事情曝光？再去革命生產模式。提到生產模式事情就變得更為複雜，因為賣食物的，要刺激消費貨品才可以以低價賣出。

禮 要賺錢，就要購入大量貨品，才可以佔據市場。我覺得，NGO 只不過完善資本主義的購買模式，明明是過量生產，只不過接下剩食，又變成了良心企業，這才是最仆街的。

D 你消滅他們嗎？他們又真的派食物給人吃。

禮　快餐店也派食物，但過量生產，同時又有可能減薪裁員。我覺得需要整體去看。

JA　因為會擔心，若收集剩食，人家吃後出了甚麼事，會影響到生意。

韻　我們也沒有可能從一開始就斷絕這些消費，就算自己煮食，貨源都不是我種的。

JO　就算自己種，你也要乘車呀。

韻　在這樣環境，我們都是無法完全擺脱。我無法一下子因此斷絕消費，但是在中間位嘗試打開其他可能性。好像以前的麵包店，關門前會賣便宜一點，又像有些餐廳自由定價，我們要想想消費包括了甚麼元素，把事情説得清楚點，不是埋了單就算數。

D　真正的實踐就是去拾食物？

CA　舉例説，像有連鎖店的員工，不會一下子把剩食掉到垃圾桶。也有試過在爭鮮，city'super啦收剩食，好勁呀，吃過長腳蟹，好像吃得太飽。而我想，首先的是，消費模式是甚麼一回事？第二是，很多選擇其實不過錯覺。明知今晚買多五十個，但如果不做出一百個，就賣不出五十個。明知浪費，但看看數字，做多五十個的成本，可以賣到五十個，那就會多做五十個。再者，如何理解消費這行為呢？這相當複雜。為甚麼要這樣生產呢？另外是原材料的問題，原料是怎樣來呀？勞工如何參與生產？都是環環相扣的，不能單指某個部分。但我們行動時，好像只能回應某一部分。

D　我們以後能不能不用錢去買食物？

韻　不行！除非你認識農夫朋友，又和他們住得很近，不用車錢去收他們的食物。但種植又有很多其他問題，有機無機，成本等，除非你自己去生產，有朋友在做這事情。試想像，當政府不運作，周邊方便快捷的連鎖關係失去時，我們還能不能生存呢？沒有一個方法可以解決所有問題，不是我們全部人去種菜就可以改變。Cat剛剛提到，在超級市中每天都有人走來問這些食物還能不能吃，但每天都盲目地掉食物，因為想快點收工下班。但若有一班人經常走來說，（這些食物）其實還有用的，人或會開始想這個問題，那麼效果會不會有所改變？多一個人對這些事不再盲目，大家都會有可能……

S

澳洲有幾種不同類型的餐廳，我之前曾在一間餐廳上班，非常高級，要四、五千港元一餐，運作模式是客人來訂位，說坐哪兒，每個人吃甚麼，牛幾成熟等，進餐廳前一星期就要告知餐廳，餐廳因應客人要求入貨，如果有人來不到，仆街，錢照收，最多我給你

帶回家。運作模式改變了。其實很多餐廳是這種運作模式，餐廳不用準備過多材料。餐廳權力可以很大，但……

韻 所以(收費)那麼貴，因為一星期前要準備好所有食材，不能大量訂，來貨和時間成本都高，所以收費幾千。

JA 而且會丟掉好多食物，因為要選擇最好的，度身訂做。

CA 這樣又製造另一個問題，食材可能從很遠訂來，只為了一件食物，花了很多氣油和人手。食材是沒有浪費，但成本增加了很多，運輸成本重又不環保。

JA Sonia剛剛的例子好像不那麼浪費食物，每餐為每一個人客度身訂做，但事實上，食材選取會更浪費。現在也很流行直接向農夫購買食材，但如可運送呢？到底是一百根菜來自十個小農，還是一個小農一萬根菜？

禧 如果一個農場可以製作那麼多菜，會有很多問題。

JA 最簡單是集中運送，燃料消耗都會好過普通的車。

JO 說到中央處理，自己耕作要如何做呢？又要有機器，排放也不知哪個多一點。

禧 你剛剛提到的問題，不只是食物，所有事都是一個大問題。Day從開始提到的是拾食物。還有一招，就是吃別人的食餘。

D 我提出這方面的問題，但大家就說得好撚遠，又說到排放，還說車呀甚麼的。其實如果我們先做好自身，拒絕食物消費，就最直接打擊浪費食物。為甚麼我們不討論這些問題？

禧　那就要討論，直接打擊浪費食物？還是減少（浪費）？還是打擊浪費食物的想法？

BNI

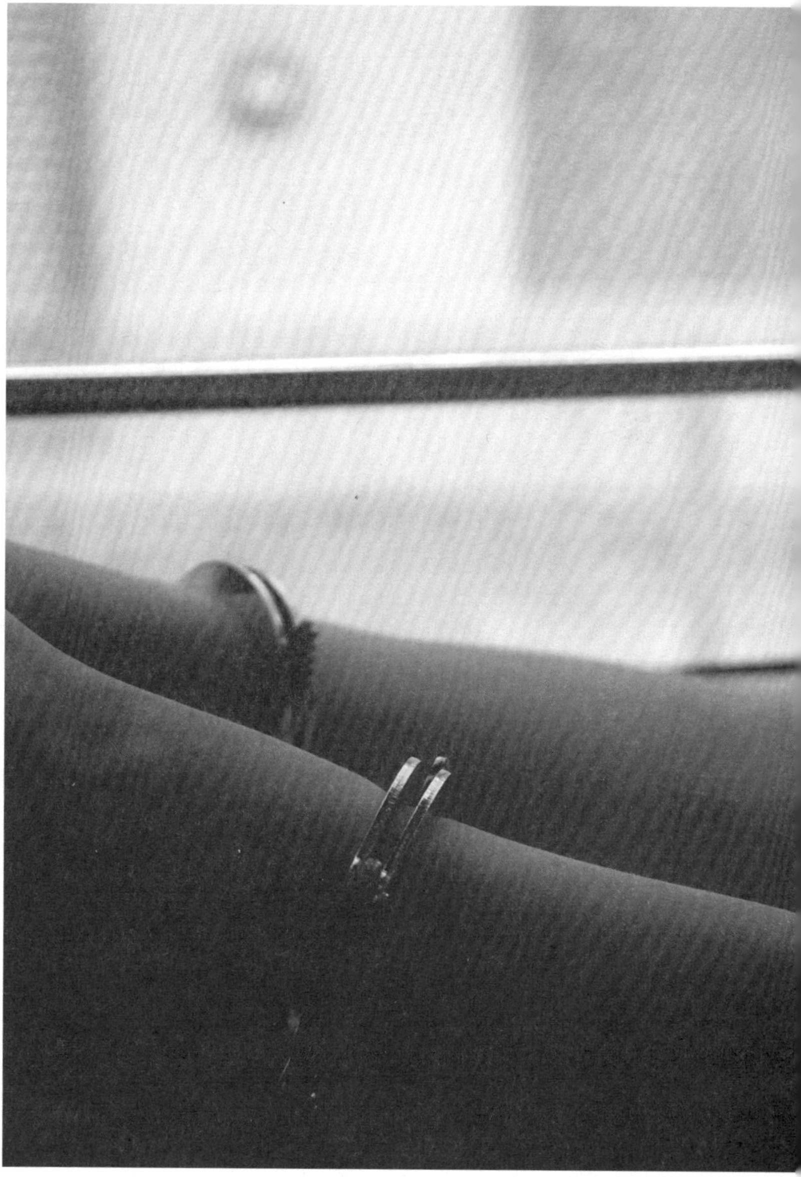

看香港式《風景》，看囚牢裏的人間

文／陳子雲

許雅舒新作《風景》，說是雨傘電影，也不盡然。這電影呈現出不同世代的香港人的焦慮、抑鬱，更指向城市景觀與歷史變遷，怎樣一點一滴，從惠澤變成牢籠。一大片龐雜的風景，城市、街巷、高樓、橋躉、唐樓天台、離島、鄉土、自然、人物穿梭其中，觀眾也跟隨攝影機後，用一雙眼認真觀看這個城市，非為讚嘆香港發展一日千里，而是道出宿命般無解的困惑。

每個人的「社運元年」 佔領的時間

不同有關雨傘運動的電影（恰巧都是紀錄片，目前看過《亂世備忘》、《幾乎是，革命》和《未竟之路》）圍繞的都是紀錄這段為時七十九日，佔領金鐘、旺角、銅鑼灣的時空。比較有印象的是《亂》導演從自身出發，一頭一尾加插自己成長片段，意圖是要將這段佔領時間與香港人及香港的歷史脈絡扣連。而《風景》，則是第一套我看過而以雨傘運動為主題的劇情片，沒錯，電影提及的是2012年的佔領中環，但是主角之一，盧鎮業飾演的社運青年太初出現在兩段佔領時空，足證「佔領」才是關鍵。這個暗示「對抗」的行動，接駁不同年代，從不割裂——從佔領中環到雨傘運動，而在此之前，我們有反高鐵苦行、天星、皇后碼頭抗爭，時間再推前，是零三年七一反廿三條立法、九七回歸、八九民運永難磨滅的傷痛。時間永遠向前，然而人心、記憶、歷史或印證，或推動香港人投身抗爭，堆疊追求自由的人和風景，這電影的意圖便是在於時間和事件，嘗試展現一代一代的香港人歷史，包括反抗的歷史。

固定鏡頭可以說資金不足，也可以是為呈現「時間」而來，把人物放置在真實場面當中，某程度上模糊紀錄與劇情的分界，是太初，還是盧鎮業出現在遊行當中？其實當時我便在遊行隊伍裏，見到太初╲盧鎮業在橋底推着放滿竹的手推車。那一幕是我真實眼見的拍攝，而它於《風景》重現。這不是一部單純的劇情片，因為發生的一切太真實，太貼近我們日常所見所聞，所思所想。

越近發生的事情，其實越難評述。於我而言，活在這個變化急遽，壞事可以隨時更壞的城市，投身社運的時間好像已經遠去，儘管我也有過像太初般迷失的時間。誠如導演許雅舒所言，2012年是重要的一年，出現很多另類社運實踐。她着眼的佔領中環，我並不在場，倒是之後的反國民教育令我有種「社運元年」的感覺。像《風景》中的社運青年太初和阿宜般，他們在菜園村相遇然後相戀，而在阿宜更年幼的時候，天星、皇后碼頭抗爭才是她接觸社運的起點；阿宜的母親阿雲舉起維園內的燭光，皇后碼頭承載她與家人的記憶。如漣漪擴散，原來時間永不割裂，一代人影響着一代人，互相拉鋸、談判、更多的時候，糾纏不清。

香港的歷史便是這樣來的。

逸出常軌的生活　幾代人的群像

有別於雨傘前後出現的世代矛盾論，年青人等如黃色，長輩等如藍色，誰也勸服不了誰；《風景》固然有反抗體制的一面，但它有深遠的意圖，在時間流動之中，反抗的意義在於詰問生活日常，看透體制運作之下，每人被逼服從披上的虛偽表象。

也不僅僅是年青人的世界，《風景》裏其中一條故事線講的是女記者阿敏和豉油廠三世祖格言。阿敏不願意只做粉飾太平的報道，轉換崗位，逃出電視台充滿指令的生活，專門記錄街巷人物的小故事，那些上一輩的生活多少有共同之處，努力求存正好還原獅子山下精神的平凡一面。與之相反，格言繼承祖父輩的豉油廠生意，同樣是上一代努力求存的見證，卻陳義成「豉油精神」，當累積起資本，發展不同副業，偏離了造豉油的本行，也許就是一場純粹的生意，被資本主義收編的過渡。格言守業不成，賣廠賣豉油賣家族故事拍電影，票房大收，觀眾大讚當中有香港人的拼搏精神，不過是這個城市體制操控下，幾代人為之過度疲勞的教條。直到遇上神秘女子，格言開始反思自己的生活，也因緣際會走到佔領中環現場，睡帳篷，咬剩食的麵包。

阿敏與格言，一者主動，一者被動，都跳出「本來的生活」，嘗試重新定義自己，如何在這個城市高強度壓迫的體制下，活出自己。可是這裏的故事線受制於篇幅，阿敏的角色變得功能，服務於幾個社區的口述歷史。鏡頭圈定的一隅風景，呈現人與社區共生，又牽涉歷史脈絡，是點題之筆，然而阿敏單純像個訪問者。而格言則更加複雜，階級差異那麼大，要道出他的迷失與感悟頗不容易，最後創出新形式守業，將家業變成生活態度，古老當時興，某程度上服膺於資本邏輯，那段佔領中環的時間，就只為他帶來這些改變？豉油廠正好位於古洞，格言那段日子耳聞目睹的，應該有更深入的演繹。也許這是阿敏拒絕與他復合的原因吧？

當家庭也只是籠牢

上一代人中，阿宜的母親阿雲佔的篇幅更重。反抗已不止於佔領，更在家庭結構之內，阿宜入更生中心，本來已經不穩的家庭結構宣告崩解，阿雲一直扮演母親的角色，服從這個城市的操控，其實她老早就察覺出不尋常之處，可是她回應被困的方法是自我孤立，在象徵中產的馬鞍山的屋苑內獨活乏味。事實上馬鞍山選址不錯，因為那裏談不上是一個社區，接駁天橋解離街道的意義，中產式生活便是流連相貫通的幾個商場，食買玩都在連鎖商店，典型的中產偽社區，後來的將軍澳則更嚴重。

直到遇上太初，兩人居然生起感情，只因一個外來者的闖入打破阿雲在廢墟中僅餘的秩序，愛欲流動、燈起燈滅，挑動一室黯淡，阿雲的出軌具有兩重意義，一者是平常人理解的，一者是她終於有勇氣超脱過去的生活，過去的自己，敢結束一手建立的「家」。香港的家庭結構堪稱世上獨特，因為那是極度維穩的結構。具現化後的房子，每個香港人打生打死，要求一個安穩的居所，卻也在資本主義過度膨漲下，人越來越難供養房子，賴以生存所在反過來謀殺掉每個人的特性，趨近單調、扁平。彷彿生活就只得一條路，每個人的青春結尾處總要「面對現實」，城市所宣稱的保障自由，多麼可笑。正如太初所言，巨大的橋躉、漆黑的河，更像怪物潛藏之處；佔中的人也説，香港人以自己的血供養那些越建越高的怪物，不自知者以為自豪，自知者則憂愁罩身，卻不知怎樣找尋出口。

反抗與憂愁　香港人的餘生

這樣一片龐雜的風景，資本主義體制暴烈地改變城市景觀和生態，除了本來就住在香港的人，電影也鋪陳出像李彌般的新移民。她很有趣，或者説這本來是每個新移民的面貌，找上香港人男女，住在狹窄的空間，努力學習廣東話，試着不讓人認出她的口音，嫌棄大陸的所有，包括淘寶、出身，而她嚮往的物事卻逐漸消失。底層的生活，大抵在導演固定鏡頭下更見狹窄、凝固，很喜歡李彌和男友一起進食、睇劇、做愛的一段，低下階層的生活就是不講求甚麼儀式，飲食男女等大欲共置於斗室內，很香港式的擠壓。

李彌想成為香港人，注定要過的是香港人的餘生。一如戲裏阿宜提到，監獄是籠牢，但更大的在外頭，填海興建高樓，香港人離海越來越遠、天空越來越難以看見。似乎有種永恆的失落籠罩所有人身上，每個人都想找出那份鬱結的起源，卻不知從何而起，反抗的人如太初和阿宜，其實都經歷一段反革命的憂愁。時間凝固，腳步疑滯，心沒有能信賴的指向，直到幾時會真正完結？跌着痛着，仍死命地向前疾跑，尋找一種永恆的失落，是《風景》最令人鬱悶之處。

雨傘運動當然不是結束。如果說時間與事件是一種糾纏的狀態，我們應否為這段佔領時空哀傷如斯？看得出太初最後行走佔領區，是在清場前拍攝的。他走着，他走過「真的有發生過甚麼」的時空，他走進「時光隧道」——大概我一輩子也不會像當時那般，可以走入一條隧道，那個時候的我彷彿已經不會再回來。雨傘運動延後的情緒與反思，絕對不會止於《風景》，走下去，總有風景沿路，互相觀照。

*原文刊於《映畫手民》（2017年1月5日）

日常生活的實踐、自由與抗爭——淺談《風景》

文／譚以諾

多月來一直在想如何下筆，每次下筆都覺得《風景》千絲萬縷，不易整理，不只是故事磅礡，電影手法也有極多值得討論的面向。既然難以決定從那一點開始談論，不如就順着電影的線索，由太初（盧鎮業飾）這個角色開始吧。

新生代的慾望版圖

電影甫開始，就是太初行經地區裁判處，目送着女友兼社運同志阿宜（高凱琳飾）在囚車中送往監獄，然後阿宜的獨白就開始。這是一代人，是電影中最年輕的一代人，而這代人除了太初和阿宜所代表的社運青年外，還有阿彥（岑珈其飾）和李彌（廖子妤飾）。阿彥是太初的同事，在茶餐廳中工作，若從階級身份觀之當然是勞動階層。太初也在同一間茶餐廳工作，不過他原先是讀工商管理，最後放棄了這個學科變成茶記伙記，他與阿彥看似是相同階級，也是朋友，但把文化資本計算在內，他與阿彥又似乎有不一樣的流動性。至於李彌，是中國大陸來的新移民，想要努力學好廣東話，成為「正宗」的香港人，而香港對她來說，就是讓她能在社會階層中流動的空間，她希望自己在香港獲得另一個身份，成為另一個階層的人。

單看最年輕一代人的角色設定，就已經看出導演的野心。這代人的角色包括：往外\前衛的社運青年阿宜，被判入獄；懷有社運創傷卻又繼續參與社運的青年太初，他糾結於離開和參與之間，一種無法行動的中間狀態；阿彥就是完全與社運無涉的青年人，勞工階層，關注生活的吃喝拉睡和性，沒有「崇高理想」只有在地生活，而且一直如此；李彌是南來的大陸人，與電影中另一條線索相關，就是戰後一代逃離來港的南來人，都是期望在香港尋找美好生活的空間，一股延續了差不多一百年的人口流動路線。如此，許雅舒為一代人劃出了一塊人口的版圖，繪出一代人在這塊版圖上的慾望流動，有想改善社會的，有想尋求解開自我獲得自由的，有想安穩生活的，有想階級爬升的。

南來之本土與日常

就最後一點，亦是香港人經常自稱香港為福地的原因：這是一個自由的資本主義社會，任何地方來的人，都可以在此找到生活爬升的空間和可能。這是李彌對香港的慾望，也是上上上一代人對香港的慾望。袁彌明飾演的阿敏是一位記者，想做貼近地氣的題材但卻被迫做生活風格的訪問，她私下有一個計劃，想訪問戰後一代的老人如何遷徙到香港，如何在香港生活。導演這個安排明顯有重新探索「本土」的意圖，尤其是對應當下的本土意識。當然，導演透過訪問召喚而來的本土並不新鮮，不過是我們在這一波本土意識之前所認知的本土：戰後香港大量接收了中國大陸南來的移民，他們在香港尋求更好的生活，而他們在香港又確有不少人尋找到更美好的生活。《風景》中的阿敏訪問了長沙灣、土瓜灣、中西區等幾位老人，而電影對此的呈現則是紀錄片式的，直接把阿敏\袁彌明與老人的對話剪接入電影中。那些老人是真實的人並非演員和電影角色，而他們的故事也是真實的故事而非虛構的情節。如此，《風景》添了一層「半紀錄半虛構」（docu-fiction）的層次，在原本的虛構故事敘事聲音外，加上一條紀實的聲線。

在這條聲線中，我們聽到老人對香港的理解：老人大半生在這塊土地上生活，因着香港的資本主義帶來的富庶，他們能在此平安地生活，縱然他們看來依然是勞動階層。如此，香港對於他們來說未必是流動階級之地——或許香港曾給他們這種幻象？——但至少是安居樂業、能渡餘生的地方。李彌大抵也是帶着相似的想法來到香港，這條人口流動的線索，如此延續了數十年，亦曾經成為香港評者定義本土的其中一個面向。

縱然電影紀錄上一代人來港的內容並不新鮮，但我卻特別喜歡配在這條聲線之上的鏡頭。每當阿敏\袁彌明訪問一位老人，在這些段落中導演會插入一些長鏡頭，攝影機放在大概是人眼的水平線，手携式的在街道上平穩的行走。聲音是

聽着老人訴說他們那一代人如何在香港不同社區生活，訴說那個社區的轉變，畫面則是以日常生活的視角觀察當下那個社區、那條街道的情況，聲畫如此並置，在一個聲畫元素中，結合不同的時間，形成了在這元素中時間的厚度。另一方面，不論是老人的口述歷史，還是鏡頭的運用，都令我想起了米歇爾·德塞圖（Michel de Certeau）在《日常生活的實踐》（*The Practice of Everyday Life*）中所說的「策略」（tactic），在城市中行走的人／鏡頭，以其不同於都市策略的方式，策略地重繪城市的地貌。《風景》的鏡頭以日常生活式的散步來呈現城市不一樣的風景。

如虛如幻的 OC

與這種日常生活實踐對應的——《風景》另一個重點——則是廣場佔領。在此需要說明一下，電影《風景》中所重現的佔領，並不是最近在2014年的雨傘佔領（縱然電影最後有一個在雨傘佔領拍攝的長鏡頭，這會在稍後論及），而是發生在2011-2012年間，響應「佔領華爾街」的「佔領中環」運動，我們在此稱之為OC（occupying central）。這場OC歷時了大半年，目標直指資本主義，所以所佔領的地方是滙豐銀行總行下的廣場。《風景》中採用當時記錄的視像片段並不多，反而在香港不同的地方重演（reenact）那場佔領，有在中環和金鐘，有在深水埗，有在昂船洲（感謝導演提供資訊）。重演（reenactment）是當代紀錄片一種重要的拍攝手法，由於很多時很多歷史片段不易獲得，就需要重演來處理，而重演自不然會帶來導演詮釋事件的角度。在《風景》中也是如此，導演在不同地方重演OC，讓觀眾覺得這個佔領好像是發生在城市之上但又在城市之外的虛幻空間，而這又像是當年OC發生時一般人的感覺：當年不少人在電視上知道這件事，但實質上這場佔領其實存在於他們的生活以外，在日常生活中，大部分香港人並不覺知有這場佔領存在（除了每天在滙豐上班的人）。

在這個如虛如幻的佔領空間之上，出現了一場又一場冗長的、關於佔領的討論。既說是重演，當中重演OC的，都是曾經在實質佔領當地參與的抗爭者，他們在電影的討論，某程度上重現了當天在滙豐底下抗爭者的信念和關注。有批評電影中這些討論過長而沉悶，但我卻很珍視這些片段，若是沒有《風景》這部電影，這些討論就悄然流失。如此，《風景》作為「劇情長片」，恰恰又擔當了紀錄片的功能，而在紀錄同時，又把重演的歷史事件放在後來時間之下的虛構去詮釋。那些討論當然是集中討論為何要反資本主義、佔領如何重塑個體的生命和建立群體、抗爭者如何與他們群體以外的人結連而擴大運動。他們固然肯定OC反資本主義的本質，亦肯定了OC另立群體、重定生活，使參與者反思工作的意義和必要。而我卻被電影中的其中一幕所吸引：電影中重演OC的參與者說他們某程度上實現了新的社群生活，是另類於資本主義的，而電影卻又顯示，他們其中一個食物來源是酒店免費贈予的。如此觀眾發現，這個於香港不同地區重演的OC，是有其物質條件來支撐的。若說佔領是奪回屬於人民的空間，以這些空間來重構人民的生活，那麼——套用馬克思老話——《風景》中的OC並沒有奪回人民生產的資料，OC是有生活但卻沒有生產的，他們需要依賴資本主義社會的剩餘來支持他們的運作。這也是OC在《風景》中看來如此虛幻的原因。若把阿敏／袁彌明的訪問和OC放在一起來看，則有另一層有趣的反諷在。在OC重演者念茲在茲地説重奪空間、重構社區／社群時，阿敏／袁彌明的訪問卻又在告訴觀眾，在香港這個城市中一直有另一種實在的「社區」在，體現在老人的身上。

中產的「自由」

相對於太初／阿宜／阿彥／李彌的，是阿敏和她前男友格言（潘燦良飾）的一代。格言是醬油大王之後，籌拍關於阿爺賣醬油的故事，阿敏是文化記者，從他們在電影中的生活形式所示，無疑是代表着香港中生代的中產一族，擁有不少資本，在社會上流動能力較強，可以有所捨棄，亦可以有所執着。對於中產的描寫，導演顯得甚為刻板和薄弱，指向的不過是中產的惰性，不及對新生代的着墨豐富。所謂中產的惰性，亦即是階級決定腦袋。中產當然想要維護自身的階級利益，社會不動比動好，或至是，社會的動只要不觸及我就好了。因此，在片末，格言就決定不再販賣阿爺的遺產和故事，重操阿爺的故業。他想透過此來贖回自身中產的原罪：重操阿爺故業，彷彿是重塑社區，中產參與建立在地生活。然而，

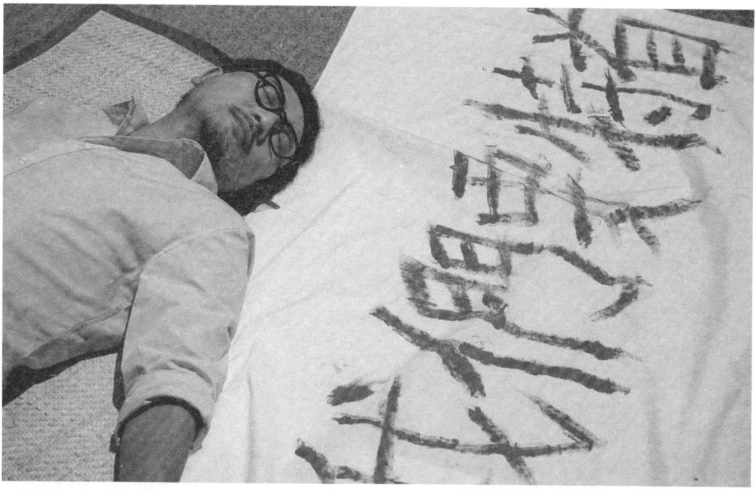

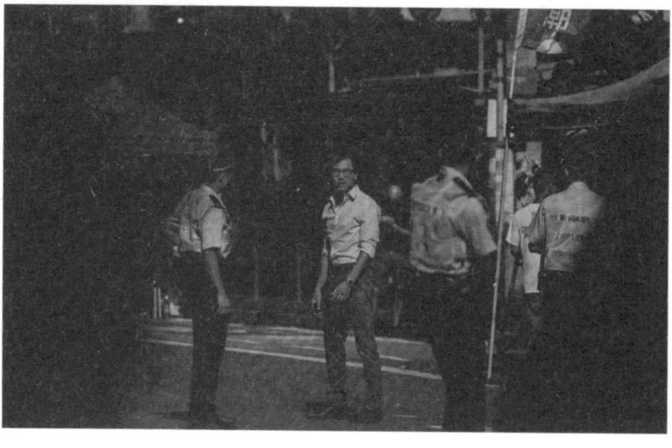

阿敏作為格言的反面，不停地提醒他，他重操阿爺故業的土地上——古洞——依然有資本主義的土地略奪。阿敏彷彿是格言的「良心」，但是格言選擇不看不聽，他有自己的地，可以重構自己的生活。

能夠重構生活，還是離不開資本。格言如此，阿宜也是如此。電影另個中產代表，就是阿宜的母親阿雲(陳敏兒飾)——比格言老一代，比受訪的老人年輕一代。她大半生被困在馬鞍山的住宅(中產的具象)和現代家庭的意識型態中，在阿宜入獄這段期間，與太初發生忘年戀。透過太初，她彷彿是自由了，願意拋棄現有的生活，重新開始。不過電影並沒有述及阿雲日後如何(我也很好奇她拋棄現有後會如何生活)，反而是在阿宜出獄時，留下一段獨白，說她決定與阿宜爸爸離婚，並把他們的物業轉到阿宜名下，而阿宜則要自己決定自己的未來，彷彿是在說，你自由了，可以選擇。然而，這個選擇背後是甚麼呢？就是一幢以百萬計的物業。阿宜的自由，建立在資本之上，阿宜當然可以選擇，一如李彌沒有選擇，關鍵依然是在於資本。格言能重新生活依靠資本，阿宜能夠有別人所沒有的自由也是因為資本，這不就是香港帶給我們一直以來的詛咒了嗎？

社運負傷者的徘徊

電影最後，太初行在金鐘雨傘的佔領區中，攝影機一直正面的拍着他在馬路上行走。安排太初在雨傘佔領區中行走也是別具意思吧，彷彿他是影片中唯一一個未有離棄社運的青年人。然而，太初所代表的，其實是社運的創傷。這個城市帶給一代人太多社運上的創傷了，電影不斷的插入從2007年天星、皇后抗爭以來的不同社運的紀錄片段，反高鐵、李旺陽、六四晚會、七一遊行、爭取普選、反國教的報道聲音、OC、雨傘等，而太初則是從社運熱血青年，成為社運的受傷者。這個受傷者，在雨傘中獨個回到現場，看似是參與但又感到抽離。到底，這個帶傷的人如何繼續生活下去，這個長鏡頭到結尾也沒有回答，他只是默然的走在路上，一直的走下去。對應於太初心境的一抹風景，顯然是迷霧中的香港景致，如此模糊，如此迷茫。

關於《風景》的，可以談的還有很多，那段忘年戀，阿宜獄中的孤獨，經常神出鬼沒的怪誕少女(余淑培飾)，還有各種在影像和聲音的手法。盼望這影片有人接續去談，有人接續去看。

*原文刊於《映畫手民》(2017年1月16日)

也是風景也是情——評許雅舒電影作品《風景》

文／王潔瑩

卞之琳的詩篇〈斷章〉戲劇性濃厚，將一幅看似平常的街景道出把玩不盡的戲味：

你站在橋上看風景
看風景的人在樓上看你
明月裝飾了你的窗子
你裝飾了別人的夢

誰才是風景？從卞先生看來，這個只是相對性的問題，我看着別人的風花雪月覺得艷羨，別人看着我的日子靜好也會嚮往。

這個人們耳熟能詳的詩篇彷彿也寫出了電影《風景》的精髓：一群社運人士，看着社會的變遷，用不同的方式去回應；這個社會也看着這群社運人士的起起落落。太初，一個似乎熱情不再的前社運人士，看着身邊人事種種，決定重新用愛去回應世界；旁人也期待着太初會做些甚麼。獄中的女孩只能用書寫去看世界；而這個世界對她卻沒有了聲音。醬油廠的太子爺怒視世界將家族的奮鬥故事變成螢幕商品，而世界也看着他的故事津津樂道。最好玩的是太子爺身邊突然出現的神秘女子，常常變換的頭髮顏色也如同她的生活。她用她的鏡頭看世界，而世人（例如李彌）則待她如偶像。誰是風景？每個人都有一片風景。每時每刻都可以是一片風景。

和人們想像中的熱血激情的社會運動電影不同，《風景》波瀾不驚，是日常的也是運動的。鏡頭跟着太初從一個路口走過一個路口，看着獄中女孩阿宜寫着一封一封的書信，看着佔領滙豐的運動者煮飯看書跳舞，看着熱血記者阿敏採訪一個個街坊的故事，也看着新移民少女李彌在簡陋的斗室吃飯睡覺做愛，這都是日常的風景。雖然電影有不少社會運動鏡頭，但是衝突場面更多的是用旁觀者的眼光來描寫，就如同一幀幀的風景畫在眼前略過，成為香港這個城市生活的一部分。戲名的英文是“pseudo secular”，意譯為「偽．世俗」。但是，何謂「真．世俗」？平淡無奇的世俗和引人入勝的風景之間，是怎樣的界線？

社會運動波瀾壯闊，百萬人佔領金鐘干諾道中，手提電話燈光閃爍歌聲響徹雲霄，何等叫人着迷的一片「風景」。然而在《風景》一片中的社會運動平淡如水，或者說，沒有了我們熟悉的抗爭符號和語言，這還是運動嗎？這，還稱得上風景嗎？

運動不只在運動高潮時刻驚世駭俗的「腥羶色」（sensational）畫面，運動的過程可以好長好長，高山低谷細水流長。有些運動在於瞬間爆發引人入勝，有些運動卻是嵌於日常的另類實驗。《風景》展示的正正就是運動的多面性。

二十世紀六十年代，西方學者開啟了研究社會運動的歷程。一開始，社運人士被認為是「烏合之眾」，是沒有理智而只有滿腦子熱血的動物，形容詞包括fanatic、mania。而我們今天熟悉的「運動動員」（mobilization）也是源於mob這個詞根，意思是暴民。很快，七、八十年代進入了分析社會運動的理性成分，學者認為社會運動之所以發起是因為運動的組織和參與者的精密個人計算。例如參與一場運動可以得到一個午餐，得到更高的福利，或者獲得集體的認同（取暖的需要）。而社會運動資源的組織和管理更是一場運動得以發起和維持的關鍵。

在眾多研究社會運動的原因和過程的作品當中，著名社會學家、史坦福大學社會學教授Doug McAdam在八十年代出版了一系列的文章和專書，講述波瀾壯闊的運動以及運動之後人們何去何從。1964年在美國南部密西西比州的「自由之夏」（Freedom Summer）運動，眾多民間組織成立，幫助該州的黑人登記成為選民（當時的選民登記制度對黑人十分不友好，從而變相繼續將他們與白人人口隔離。密西西比州是當時全國黑人投票率最低的地區）。除了登記選民，一系列的

Freedom Schools、Freedom Libraries、Freedom Houses也相繼成立，為黑人民眾提供教育和社區營造等實踐機會。在這場運動中，暴力衝突少不了，也有來自白人民眾和組織對「自由系列」的攻擊和謾罵。

而在這裏我想說的是，1964年的自由之夏帶給參與運動的民眾的，特別是一眾來自北部的白人菁英大學生的，更多是精神上的衝擊。McAdam通過大量的訪談，將他們的故事寫出來。學生走出自由之夏之後，看世界的眼光發生了一百八十度的轉變，不再單純地相信政府，不再簡單地劃分好人壞人，黑與白。他們會到自己的州分和校園，很多人都繼續在不同的組織和領域推動民權運動。而當時大量的自由之夏NGO成員在運動退卻之後也散落到不同的地區繼續運動，有人甚至在2008年成為奧巴馬競選團隊的核心成員。從1964到2008，幾十年的時間，難道總在進行灑熱血的運動？當然不是。相信當年的熱血青年和今天的香港人一樣，運動高峰過後會迷茫，像海浪退潮一樣，但重點是，what next。這個next也許不會立刻發生，也許在十年二十年以後。

運動後果（movement aftermath）、運動創傷（movement trauma）是比較冷門的題目，卻是和運動過程同樣重要。電影《風景》展現的畫面橫跨超過十年香港的社會運動歷程：反高鐵、菜園村、政改、佔領滙豐、悼念李旺陽、新界東北、雨傘運動。這正好是活生生一個ebbs and flows，如同社會運動學者Sidney Tarrow

提出的 cycle of protest（運動的循環）。從電影角色的獨白和畫面，看到運動的高峰低谷，人來人往。高峰很耀眼，低谷卻可能很長，但卻是一個互相學習，消化和再創造的時間。獄中女孩阿宜被捕入獄，在獄中書信過程中不斷反問關於社會關於個人的問題。從她的自述中我們知道，她曾出席保衛天星皇后運動，是她媽媽帶她去的，這個似乎也成為母女的精神連結。在保衛菜園村的運動中阿宜認識男友太初，也從此成為了社運人士。在獄中的阿宜想着男友，父母親，時常質問「點解你地唔來」，卻不知道他們在外面的生活已經出現戲劇性的變化。阿宜出獄之後，獲得了母親贈予的房子，似乎得到了讓她無後顧之憂的重要資源，然後重新投入公民社會（猜想阿宜應該會走進雨傘運動）。

太初的故事似乎更能體現「運動後遺症」這個主題。鏡頭前的太初似乎一直不是各種社會行動的核心，一副文青打扮的太初總是安安靜靜的路過萬人包圍的立法會，坐在佔領滙豐行動的邊緣。也許是阿宜的被捕入獄對他帶來沉重的包袱，也許是一次次運動的退卻讓他提不起勁，各種掙扎，我們實在不知道。「為甚麼入獄的不是你？為甚麼你總是躲藏，躲在阿宜後面，躲在佔中後面？」質問來自與太初意外發生一段忘年戀的中年女士，阿宜的母親。相信讓觀眾最印象深刻，也感覺驚喜的，是太初與阿宜母親阿雲的一段愛情。太初答應阿宜要時常探望她母親，一個同樣抑鬱至極但是相信也是曾經熱血的中年女人。太初默默地陪伴她吃飯，看電視，散步，面對恐嚇……一直一直地陪伴，直至某一刻的擁抱和親吻。

這個似乎是激情的社會運動以外另一種最令人覺得温暖的舉動了。運動後鬱鬱寡歡的太初需要取暖，失去女兒和家庭温暖的阿雲也許更需要愛。兩個不同世代的人在這個極其壓抑的社會，在沉寂中迸發出火花。也許就像自由之夏的學生一樣，一場運動之後，看世界再也不一樣。走過世事變遷的兩代人，太初與阿雲，需要走出主流的框框，需要一種"who cares"的大大的緊緊的擁抱。後來阿雲主動地在小島上問他一句「你想唔想留低」，再後來阿雲主動找到太初，在佔領滙豐眾人的歌聲舞蹈下，兩人在天橋迫不及待的擁吻，濃濃的熱情破繭而出。愛情以外，太初參與佔領滙豐，也走過雨傘運動。阿雲曾經帶着女兒參與保衛天星皇后，也一個人默默地在維園六四晚會點起燭光，或許，很大可能地，也走過雨傘運動的干諾道中。愛情和社會參與，都是他們的日常，都是他們的運動，也是風景。

如果運動的精彩在於瞬間的爆發，正如2014年9月28日一樣，那麼運動的存在就在於鎂光燈以外的日常。激情過後的平淡日子，可以是能量的消散，就如同雨傘運動清場之後的香港，也可以是能量的積聚，生產和再生產。

佔領滙豐的運動者，算是電影裏面唯一的一群「真實的角色」，導演應該是用近乎拍攝記錄片的方式去記錄這場特別的運動。佔領滙豐（當時也叫做「佔領中環」，簡稱OC，作為香港回應美國的反對資本主義佔領華爾街運動）運動曾經引起過大眾的關注，但很快就消聲匿跡在鎂光燈下。但他們並沒有消失，相反，他們在中環滙豐總行地下的公共空間認真地實踐着他們的「生活」——日常到不能再日常的衣食住行生活。但這個生活又有點不太正常，他們會有大量的討論，關於民主關於資本主義（一般人的日常生活該不會整天談論這些吧，除非你是學術人士）。他們有好多的音樂與舞蹈，用聲音和身體釋放生命的能量（如果有人在街上跳舞，通常會被視為神經病吧）。外人看上去，佔領滙豐這場運動似乎算不上運動，甚至連倡議（campaign）都算不上，反而覺得是一群廢青在不知所謂。到最後，佔領滙豐的現場被執達吏清場（電影中有太初狂奔往中環支援），一場別人看來沒有聲勢的甚至連運動都稱不上的「運動」，彷彿正式退出歷史舞台。但是在這些日常生活積聚下來的能量，並不是那麼容易消散。從電影中，就見到太初從一個場域到另一個場域，繼續參與。甚至連醬油廠太子爺格言，也從厭惡到接受到適應，從佔領現場似乎找到甚麼新的意義。一個曾經迷茫於商業世界和人生追求的太子爺，走到香港的郊野，放眼這片土地，重新思考爺爺留下來的醬油精神（或者是香港精神）。在真實的世界裏，佔領滙豐從來沒有結束，一眾走過來的運動者，成立大大小小的新組織，繼續從改變生活的層面實踐理念：素食店、另類音樂、農業等等。如同1964年自由之夏的後續故事。

當然，運動並不是全然美好，走過運動的人會知道，團體間的政治常常叫人打退堂鼓，過度的情慾流動會帶來痛苦。風景之所以美好，因為我們只是觀眾，活在風景當中的人過的是「生活」。我們看着他們如「（廢青的）風景」，他們也看着我們在「牢籠的風景」中。獄中的阿宜反問「其實有誰不是生活在一個又一個監獄中？」一語道破這個城市的困境。阿宜的鐵窗生涯，太初的惆悵，阿雲的歇斯底里，阿敏在新聞工作中的怒氣，格言在金錢世界的困頓，李彌在不同身份間的追尋，似乎神秘光頭女子才是最自由，但是否也有被網絡世界的光環所困？一個個的籠牢將生命牢牢套住，每個人都嘗試衝破，通過工作、消費、愛情和社會運動。當一波又一波的社會運動被巨大無比的社會制度和法制重重地壓制之後，人們從縫隙裏面爬出，甩甩身上的泥濘，互相擦去臉上的灰燼，包紮傷口，分享一杯涼水，各自回家，或許在某個時刻再聚，再分享一片風景。

《風景》中複數的香港精神，及挑戰紀實的音畫部署

文／沈昆賢、施懿倫

香港導演許雅舒曾拍攝不少實驗短片，《風景》是她第三部長片。如同電影宣傳照裏的「反資本主義」、「佔領中環」布條所揭示，《風景》圍繞着2012年佔領中環運動。佔領形式的社會運動對台灣觀眾來說或許並不陌生，而雨傘運動的各種形式的影像也至少有十一部之多。雖是如此，本片有其珍貴之處。雨傘運動某種程度上已蔚為香港佔領運動的主旋律，許雅舒的《風景》反潮流地回到2012年呼應佔領華爾街而出現的佔領中環運動。更值得一提的是，《風景》不僅在台灣作全球首映，作為2016年南方影展的開幕片，該片更與南方影展合作，於台灣募資平台 Flying V 群眾募資，作為香港藝術發展局以外最主要的資金來源。這樣的背景，對於兩地社會脈動之間所提供的暗示，或許不再只是那句「今日香港，明日台灣」；相對地，這可能是某種更加實際的共時連結，而這連結的內涵更是對台灣的觀眾提出挑戰：究竟兩地的社會議題是否有相似的結構問題？而兩地的批判性創作思考又是否可以有交流之處？2017年，香港主權移交到中國屆臨二十年，台北電影節特別策劃了「香港進行式」，而《風景》正是其中選映的影片之一。本文企圖以《風景》所帶出的議題與創作思考為本，並希望以此投射出更加廣泛的社會討論，以呼應這樣的共時潮流。

複數的香港精神：重新佈置那些美好時光

《風景》在一開始就後設地藉由富二代格言最近合作拍攝的賣座3D商業電影《豉油西餐》帶入本片的主要論題——何謂「香港精神」。訪談節目背景色調華而不實，而我們則看見一位商業片導演如何不斷讚揚這部電影主角——格言的爺爺——現實樣板。格言的爺爺從廈門來到香港，最初是打工仔，最終成就古法豉油事業，甚至同時成為擁有香港十分一土地的地產商。在格言與那商業片導演的口中，這個既保育古法又創新香港的「豉油精神」，一如香港人所熟知的「獅子山精神」，足以代表戰後第一代香港人，又如香港社會學者呂大樂所言，強調個人在六、七十年代的努力奮鬥，透過競爭，終能享受刻苦得來的財富成果。然而，這樣的敘事卻忽視了特定歷史時刻，個體競爭到成功中間所仰賴的機遇性乃至結構性條件，更不用說這樣的敘事所忽視的一般人民。

格言雖然靠着「販賣」爺爺的產品與故事開創自己的事業，但他還是無法真正承繼爺爺的豉油古法，無法複製那味道。顯然，許雅舒對這敘事的華而不實了然於心，因此在誇張的訪談過後，她更將鏡頭切向節目後台一片漆黑的後製工作室，讓我們發現格言的前女友敏的義正嚴詞，拒絕留在因避諱踩到政治紅線而限制記者採訪的商業電視台。在這種「香港精神」之外的另一面香港，由從政治線轉到非商業媒體文化線的記者敏實地走訪基層街坊展開，許雅舒在此以一種類紀錄片的方式呈現那些耆老訪談，而從片尾名單更可以看到，這些居住在舊時香港輕工業區（例如土瓜灣、西環等）的老香港人並不只是「演員」，而是「受訪者」。敏抱持着對本土史的好奇，藉由訪問深入戰後香港基層居民經濟生活的肌理，同樣是輕工業，但這裏沒有經濟奇蹟神話化之下的李嘉誠或是豉油大亨，而只有在那個時代中，一個個咬着牙、勒緊褲帶也要熬下去，或許因故經歷搬遷，或許沒有休假，但也要活下去的香港家庭。這個或許可稱為本土歷史保育的敘事，呼應了導演在片中來回多次、反覆叩問的主題，即香港這座城市的困境——無從阻止的空間掠奪以及居於此越發困難的生存現實。

在這裏，我們可以跟着許雅舒搭設安排好的佔領中環（Occupy Central）運動現場，進入許雅舒所欲探討的另一種「香港精神」，來展開對於在香港生活的批判討論。需要特別留意的是，這裏的「佔領」，並非雨傘運動爆發前同樣以真普選為訴求號召的和平佔中（Occupy Central with Peace and Love）運動。相對地，以土地為核心的「保育運動」（Conservationist Movement）跟「OC佔領」為主軸的抗爭政治相互交織，構成了這部片最為核心的論題。土地、生存空間的匱乏亦不斷在電影中出現，這也是近年在香港，隨着歷史保育、反大型計劃開發的城市運動興起後的關鍵政治社會議題。

舉例來說，丈夫與女兒都不在身邊，因而一個人坐在空屋內的雲，即不斷接到房仲打來詢問「是否要出售」房子的電話，而男主角太初及其母則因政府開發案，必須搬離公屋並僅獲五千元的補償金。即便如此，太初的好友彥與他的女友彌還趁着太初一家人搬遷之前，借住棲身於太初家的小房間，緊抓着彼此相處的片刻。不單是如此，片末敏於格言在古洞的豉油莊園訪問格言時，背景正好是古洞居民反對地產商開發掠奪土地，也成為敏質問格言的話題。諷刺的是，香港政府於2016年施政報告提及要花費十五億元圈地投資的「農業園」也正好落在古洞。

與此相對，格言重新包裝豉油產品，在商業區開設新店舖。在街上閒逛的彌恰好遇上了這間豉油「精品店」的開幕，這個刻意安排的言外之意再明白不過。對苦於服飾小店不斷倒閉的彌來說，又一間精品店的盛大開幕，形同取代一間間小店的生存空間。相較之下，頂樓天台反倒成為地狹高樓密集的香港少數的「自由空間」。對悶在狹小房間的彌而言更是如此，天台是她在天空所剩無幾的香港的藏身處（特別是在銅鑼灣、中環等商業區）。不只如此，格言在酒醉後為網路上活躍的攝影少女蝦米留下的影像、彌與宣稱在為都市拍下「遺照」的蝦米的相遇，都發生在天台，而這些在天台上看到的景象與留下的靜態影像又被他們上傳到Instagram上，記錄着人們在天台上的片刻時光，這是否是香港難得少見的「風景」呢？明顯地，在這些不同的場景與對白中，來回反覆指涉到的都是城市空間分配的失衡。

接續着這些社會問題，許雅舒順暢地插入女主角宜的抗爭經歷的獨白，以及許多抗爭的影像片段，因城市空間缺乏而產生的壓迫，帶出更完整的抗爭軌跡。從2007年皇后碼頭清拆開始，宜的母親雲帶着宜第一次到抗爭現場（還一起去過六四燭光晚會、七一遊行現場）；2009年，宜穿着不合適的鞋到菜園村認識了男主角太初，同年更是萬人反高鐵繞立法會苦行；2010年民主黨何俊仁等人為普選方案進中聯辦談判，成了宜口中「仆街」的民主黨人；2011年立法會通過法案限制辭職公投（遞補機制）；2012年李旺陽「被上吊」後，舉辦大遊行……許雅舒透過影像片段與電影劇情的穿插剪接與互相指涉，以虛實雜混的方式講述了近年的香港抗爭。

有趣的是，在佔領運動的橋段中，運動者是由數位實際上也投身於OC的運動者所「扮演」的。這橋段「再現」數個在佔領現場的公共討論來讓觀影者了解何謂「佔領」。佔領於此且生活於此，將日常的食衣住行繫於佔領區，是為了從在香港既有生活的時空枷鎖中脱離開來，同時也是要在日常反覆的決策、討論取得共識去逼近民主，特別是在這個人們無從選擇如何生活，只能受限於供給有限、品質欠佳公屋的城市裏。前文已提過，OC佔領與和平佔中兩者有所差異，在理解許雅舒影像敘事上，更為重要的是將OC佔領背後的「香港精神」跟雨傘運動時要民主、要真普選的「獅子山精神」做出區別：這兩種基於佔領運動的敘事雖然同樣都對傳統強調刻苦耐勞競爭的「獅子山精神」有所質疑與批判，但不管是在影像處理呈現上、佔領運動內涵上，雨傘佔領在本片中都只是陪襯。對抗爭敘事的取捨也可見於，太初在地鐵上聽聞廣播報道學民思潮佔領政總之時，神情木然甚或是帶點不屑。自2012年夏天開始活躍於香港的學民思潮，更在2013年以及2014年雨傘運動中扮演要角，但大體來説這些都不在《風景》討論範圍。在電影終了前，許雅舒也只有將鏡頭投向金鐘佔領區（包括龍和道），而沒有旺角佔領區甚至是銅鑼灣佔領區（編按：《風景》有一段旺角佔領區的推軌鏡頭，銅鑼灣佔領區的片段也有收入電影中）。另一方面，電影雖然給了不同版本的香港故事，卻也隱約避開了近年頗受關注的認同政治的熱潮與爭議，或許是因為中港矛盾越發劇烈的背景，導演多以隱喻的方式來點到政治性的議題，不論是彌經過銅鑼灣書店招牌下的街道的某個片段，亦或是宜對煙火的反感。

無論如何，本文認為，《風景》一片在敘事層面上體現了複雜多元的「香港精神」。這透過交織各種之於香港人身份與生活的論述與展現方式得以達成的。不論是電視節目訪談台前台後的「獅子山精神」的正反兩面，或是居住空間上狹窄房間與天台的自由與否，許雅舒都成功的讓我們更加理解香港社會的不同面向。更重要的是，許雅舒相當清楚這些論述都不能被視為單純的「真實」，也因此她選擇在一部電影中同時納入虛構的3D電影與實際的抗爭影像、職業演員的表演與運動人士或耆老的重現，這也使得虛實或紀錄片與劇情片之間的界線慢慢瓦解。底下，本文將會更進一步闡述許雅舒如何透過影像與聲音的技巧，來使這樣的雜混更加完整。

身兼電影導演與錄像藝術家兩個身份的許雅舒，雖然在本片選擇以敘事為主軸、紀錄為輔帶出她對香港近十數年社會議題的史詩式關懷，然而，誠如台灣影評人蘇蔚婧於2016南方影展手冊中所說，「許雅舒展現了當今電影創作挑戰傳統分類的跨域傾向，《風景》也不該只被看作社會運動的影像備忘，而是內容與形式交互感染」，本文亦認為《風景》一片所使用的各種電影技巧仍舊扮演極為重要的角色，足以看出導演對於電影的多媒介特質的思考。

除了與香港獨立音樂人黃衍仁合作，請他在片中數個重要場景搭配與劇情相互指涉的原創歌曲外，像是一曲根基於香港詩人飲江實際於佔領運動時所作之〈蕩寇誌〉一詩的同名歌曲，便在片頭由在獄中的宜隻身清唱，質問着太初「你來嗎？唱歌」，片尾更再次由樂團激昂合唱，不斷惆悵地複誦着約翰藍儂著名的那句「Imagine all the people⋯」，似是將對香港社會連結的渴求投射到藍儂的烏托邦想像之上。本片的聲音設計更是扮演着串聯敘事的重要角色。以片頭為例，宜一開始因為身陷囹圄，無能力與不願探望她的太初對話；可是，導演不但以長鏡頭（long take）跟拍（tracking shot）慌忙走過政治宣講現場的太初的背部，更以畫外音（non-diegetic voice）搭配宜在獄中的清唱，更玄妙的是，即使宜聲稱在獄中看不到大海，我們卻在背景音聽到了海浪聲，彷彿三個空間（城市、監獄、海）透過電影的聲音設計同時重疊在一起，攪亂了我們對香港密閉空間的印象。宜的畫外音獨白在片中不斷地以這樣的形式出現，涉入其他角色的生活，但許雅舒同時也不滿於只讓這位年輕憤怒的女性運動者充當旁白的角色，鏡頭數度轉向獄中的宜，畫外音獨白突然轉為畫內音（diegetic voice），宜以清楚明亮的聲音朝着鏡頭質問為何行動不更積極，想必使觀眾坐立難安。此類音畫分離的設計，也出現在佔領運動與日常生活交織對話中。例如，當一群不知名青年於佔領現場的帳篷外熱烈討論香港的房屋問題與居住形式時，即使討論的聲音延續着，鏡頭卻突然切向焦頭爛額地擠入地鐵車廂的雲，並隨着她進入空間相當有限、必須與人共享的辦公室，這使得使用這段音橋（sound bridge）的目的再明顯不過：證明社會運動的討論是有機的，延續到香港的日常生活中的。

若是說許雅舒在聲音的設計上呈現了細膩的情感連結效果，那麼她所使用的運鏡技巧與畫面設計則可以說是對於香港的空間與市民之間的關聯有辯證性的思考。她不但藉由敏在訪問各社區耆老的虛實混雜橋段來置入一般劇情片中不常使用的空鏡頭（pillow shot），讓鏡頭緩慢地推過無人的街景，彷彿是在「記錄」「風景」一般（尤其是許多老店舖），她更在接近片尾時再度以不斷快速剪接的數個空鏡頭帶着觀眾回顧所有角色活動的場景，也讓觀眾在這仿若都市浮世繪的段落中發現香港空間的歧異性值得注意，這種偶爾在片中出現的無人鏡頭，不但與慣常的擁擠市容及活潑的佔領現場形成對比，似乎也在暗示着某些角色的心境：孤獨在房中吃麵、總是在佔領運動現場邊緣的太初；丈夫與女兒都已不在家中、獨自看着電視或窗外的雲；不斷被懷疑是中國人而備受冷落的彌；乃至於孤身一人在獄中苦等太初的宜。最後，彷彿呼應片頭的長鏡頭跟拍似的，影片結尾再度跟拍着孤身一人行走在雨傘運動佔領現場的太初，只是這次他正對着鏡頭。即使佔領的帳篷都在，所有的人卻都奇妙地消失了，只有太初一人在夜色中不斷地行走着，更魔幻寫實的是，當他走出隧道之後，卻已是白晝，而人與車都已重新回到街道上頭。顯然，透過鏡頭運動與畫面設計，許雅舒所欲捕捉的不只是某種新聞上常見的紀實性抗爭現場（即使如前文所述，她確實置入了不少她親自攝影的運動場面），更可能是香港不同的人們在面對高速變化的日常空間時，那在群聚與孤獨之間擺盪的心境。

對於許雅舒以聲音與畫面進行如此豐富的部署，我們所可以進一步詢問的或許是：「風景」指的究竟是甚麼？那是山景與海景嗎（如：宜與雲的高樓家中望出去的景色）？還是香港街景（如：敏的訪談中所記錄到的老店舖）？亦或是不同人的生活場景（如：彌與彥做愛的擁擠房間）？導演或許對於這點沒有特定解答。有趣的是，大海在電影中總是若有似無的出現，除了宜在片頭即表示在監獄中看不見海（只聞浪聲），呼應她小時候與雲參與保留皇后碼頭的抗爭，在影片中段，也有佔領運動者表示現在的香港因為過度開發，即將看不見大海，即使「香港本來也是漁港」。如同宜在獨白中所質問，即使出了監獄，還不是進到一個更大的監獄之中？或許，獄裏獄外，海景的失去，對於香港人來說都是一種在隱喻與實際層面上的傷痛。

小結：社會、運動、與影像的交叉口

從複數香港精神併陳到傳統紀錄片，許雅舒相當具有野心，將發生在特定時空的政治事件擴大為更具普及性的實驗影像作品，試圖探求香港不同位置的主體在更長的時間範圍內所經歷的不同社會問題，也因此讓香港以外的觀眾——尤其是台灣——不再只需停留在了解與關心事件細節來龍去脈的層次。藉此，我們可以順着文首的幾個粗略的提問，再度回首台灣：在2014年因兩岸服務貿易協議被強行通過後而爆發俗稱太陽花學運的佔領國會事件後，台灣亦有些許紀錄片作品隨之而生，其中最受關注的應為由台灣紀錄片工會中的十位導演共同拍攝的短片集《太陽．不遠》。在相關的討論中，《太》一片大多被與台灣在1986年成立的綠色小組擺放在相似的影像製作脈絡下討論（更有論者上溯至日本導演小川紳介），兩者不但都是紀錄片工作者實際參與社會運動，進行貼身田野訪談，更是為了抗衡國家宣傳與主流媒體對運動的忽視與扭曲而進行的資料庫累積工作。在此類對運動現場的即時性要求下，《太》一片將大量篇幅集中於對運動參與者的訪談及事件的紀錄，卻也較少有影像上的實驗及運動現場外的議題連結。簡單來說，近幾年來，台灣不同的社會運動事件之間的關係為何，以及他們在更宏觀尺度上與整體社會情境的關係又是甚麼，這些問題對於連結並理解個別運動生成的背景其實至為關鍵，而這些面向或許也是我們在看過《風景》後對於台灣未來的社運影像敘事的深層期待之所在。

值得一提的是，在紀錄片製作的場域之外，曾獲得台新藝術獎的台灣錄像藝術家袁廣鳴於其錄像作品《占領第 561 小時》（2014）中，同樣「記錄」了台灣的佔領立法院議場時刻。巧妙的是，雖然他與已逝的齊柏林導演的賣座紀錄片《看見台灣》（2013）同樣都以空拍機滿足觀眾「看見」現場的需求，然而在影像的策略上，他其實更加接近許雅舒的反思：兩人同樣使用了空鏡頭來呈現現場，讓空拍機在往前飛行時先拍下充滿佔領者的場面，接着當空拍機倒退回原本的畫面時，卻呈現完全無人的會場，並且將畫面以慢動作處理，呈現相當「詭異」（uncanny）的氛圍，也讓人想起《風景》的最後一幕。對於這樣的手法，袁廣鳴表示其實他並不希望只是記錄事件本身，而是藉由影像思考「有關居住、家庭、『更舒適的明日』這樣的議題」。即使香港與台灣在面臨空間、居住，乃至於社會與政治議題上必然有相當大的差異，但當許雅舒與袁廣鳴兩者皆無獨有偶地藉由社群聚集的運動場景來思考「有人」與「無人」的空間辯證時，這或許也暗示了我們一個在兩地的事件特殊性之外，更加深層的共感焦慮。

還我真普

直面真實，不要再看風景

文／小西

前言

記得去年（編按：2016年）九月底，《風景》的導演許雅舒（Rita）突然在臉書彈了出來，說要十月下旬請我看《風景》。我跟Rita是臉書友，一直知道有《風景》這部電影的存在，也知道《風景》將在2017年1月在香港獨立電影節中放映。我平日工作忙，很多電影都要待電影變身DVD或重映時，才有機會抽空看。大概是去年九月頭，看見Rita張貼影意志在油街實現重映《哭喪女》（2013）的訊息，去了看後有些感覺，並化為文字，Rita讀後便在臉書找上門，約看《風景》。關鍵的一句是：「你有份出鏡」，原來《風景》裏夾雜了一些保衛天星皇后碼頭運動的現場片段。

後來發現原來是內部放映，因為《風景》當初眾籌募集資金開拍時，Rita允諾除了放映，還會出書回饋，而紀念集需要一篇深度的研討紀錄。來看內部放映的還有其他文化界的朋友，整整三小時的放映，大家都在靜默中渡過，從創意媒體學院出來的傍晚微熱空氣中，我只感到面頰上結了不知是汗，還是冰冷遇熱凝結的水珠。

放映後，我跟Rita繼續在臉書私訊中談《風景》。《風景》並非完美，但就香港當下佈滿謊言的鬱悶狀況來說，《風景》大概是1997年主權移交以來最重要的香港電影。《風景》觸及香港過去二十年不少重要的社會運動的場景，由保衛天星皇后、反高鐵、紮鐵工罷工到2011年佔領中環，**但《風景》的主要場景卻在社運場景以外的「日常」**。記得十年前，當我跟「本土行動」的朋友在著名的「城市論壇林鄭會」外圍吃力地當糾察時，思考的正正是運動以外的「日常」。那天的皇后碼頭很熱鬧，很多人，但相比於運動場景以外的其他人，其實很少。那時在想，那些人為甚麼都沒有前來？他們平日到底過着怎樣的生活？運動以外的「日常」又是怎樣的？然後，Rita十年後拍攝了《風景》，給了我們一個可能的答案。

直面真實，直面日常

於是今年一月，當Rita邀請我出席自主映室《風景》放映的映後談，我便以「日常生活的屈機」為題，分享我由《風景》出發對於「日常」的觀察與延伸思考。談了十多分鐘，我嘗試分析《風景》所呈現的**兩重「日常」**：（一）社運行動者在社運場景以外的「日常」（例如太初、宜等）；（二）社運以外各行各業各階層常民的「日常」（例如雲、格言、蝦米、彥、李彌等）。我們一般認為，社運場景是政治交鋒的場所，但其實社會運動所希望達至的改變，很多時都源自社運場景以外「日常」的深層次矛盾。「日常」是我們賴以為生的重複的秩序，我們高度依賴它，但不無弔詭地，它同時又緊緊地綁住我們。我們困在我們賴以為生的「日常」當中，有些人希望改變它，於是投身社會運動（例如太初、宜等），有些人則以個人的方式爭取空間，嘗試逃離令人窒息的「日常」（例如蝦米、李彌、後來的雲），也有人為「日常」重新創造意義，讓自己能夠跟「日常」好好相處（例如格言），但更多人是繼續困鎖在「日常」之中，永不超生（彥、早期的雲）。相比於其他常民，社會行動者似乎更有機會改變日常，但《風景》卻讓我們看到社運場景與社運場景以外的「日常」之間很多時都是斷裂的。結果，社運場景變成了一片關於渴望改變的「風景」，社運場景彷彿跟「日常」有關，但其實無關。就此而言，「日常」才是真正的戰場，但無論是社會行動者，還是其他常民，他們的「日常」始終紋風不動，一切如常。

分享完畢，台下卻一片沉默。其實，同樣的沉默，早已存在。Rita告訴我，《風景》一直沒有太多評論。就算主動邀約，也沒有太多人肯執筆書寫。我猜這或多或少跟《風景》所引發的「雨傘」聯想有關。《風景》在雨傘三周年首次公開放映，加上片末有一個攝有2014年雨傘中環佔領現場的長鏡頭，很自然的就把《風景》聯想為「後雨傘作品」。舊傷猶新，不知叫人從何談起。

但Rita在不同訪問中已明確指出，《風景》是主要關於2011年為響應全球的「佔領華爾街」運動而在香港出現的首次「佔領中環」運動，拍攝《風景》的計劃也早在雨傘運動以前，所以我們只能說它們之間的關聯，是源於同一社會語境——那種山雨欲來、異常鬱悶的社會環境。其實，同樣的鬱悶也見於Rita的前作《哭喪女》。當Rita借靈堂師傅之口說：「羅酆山是地獄，地獄是現世」，而哭喪女綿（詩雅飾）最終願意與隱遁道教仙山羅酆山的靈（蔣蜜飾）互換時，我們便知道Rita就好像綿一樣，一直在直面真實（現世）與遁入空虛之間徘徊。在《哭喪女》中，綿最後遁入靈山，在《風景》中，Rita終於決定揭破偽現世的虛幻，直面真實。

但我覺得《風景》之所以犯禁，更根本是源於它嘗試碰破「日常」的倉促：對，我們的「日常」就是千瘡百孔、瘡痍滿目，我們之所以經歷一場又一場社會運動，仍然一切沒變，是因為「日常」沒有任何根本的改變。所以與其說《風景》觸碰「後雨傘」的情感失落，倒不如它為這一份自九七以來一直累積的集體失落探源，並把鏡頭自我們習慣袖手旁觀的風景移開，回頭直指我們身在其中的「日常」。「羅酆山是地獄，地獄是現世」，其實地獄就是「日常」。或許，《風景》就像片中雲與太初夜宿長洲時，雲對佔領中環的輕輕質疑。結果太初聽後翌日在回航的渡輪上崩潰了，而佔領中環亦在保安的清場下匆忙結束。

後來，我跟Rita說，這自然令我聯想到由五位本地年輕導演合作完成的短片組合《十年》。當然，以受關注的程度而言，《風景》與《十年》實在不可同日而語。然而，《風景》與《十年》跟過往香港電影最大不同之處，正正在於：雖然過去的香港電影也有不少諷喻政治的作品，但與《風景》與《十年》直截了當的風格相比，過去的香港電影大多採取迂迴曲折的象徵與隱喻手法諷喻政治。然而，或許因為香港近年的時局已逼到埋身，從《風景》與《十年》的創作，我們看到一份逼切感，現實已無處可避，唯有直面。借用英國近二、三十年興起的「直面真實劇場」(In Your Face Theatre)，《風景》與《十年》代表了「直面真實電影」的興起，至於能否蔚然成風，就得看香港未來政局與電影界的造化。

然而，《十年》畢竟跟《風景》不同。在《十年》計劃的五部短片，令人困頓的「日常」，問題的源頭都來自外部(中共、紅色資本等)。但《風景》卻赤裸地指出，「日常」就是地獄，沒有羅酆山，我們無路可逃，唯有直面。

作為社會行動的社區放映

此外，《風景》與《十年》另一可堪比較的地方，是它們因緣際會所開出的社區放映模式。當然，社區放映並非由《風景》與《十年》所開創，早在灣仔藍屋、天星皇后運動的年代，已有社會行動者與社區組織者借社區放映連結與組織市民與街坊。但無疑，《十年》因主流院線禁制、最初基於自救而與不同組織合辦的百場社區放映，無疑為本地的獨立電影界與公民社會開出了全新的組織與運動模式。自此，社區放映如雨後春筍，遍地開花。況且，從社區放映現實觀眾，你也會發現他們不止電影的愛好者，他們談的也不止是電影本身。有時，他們談得更多的，是電影以外的現實。至此，社區放映已儼然成為一場社會運動。

就此而論，在8月20日「支援13+3政治犯遊行」之後晚上的《風景》特別網上放映以及之後一連串的社區放映，終於把《風景》化作一項社會行動。觀眾進入黑暗的映室，不再是旁觀虛幻風景的看客，他們在步出黑暗以後，開始交談，談電影，但更多是分享自己在映室以外的日常、想法、感受，甚至創傷。兜兜轉轉，因緣際會，Rita終於一償所願，讓觀眾直面自己，直面真實，不再旁觀風景。

院 大 樓
COURTS BUILDING

東 區
EASTERN LA
反迫遷
土地不是商品

在場的延伸

前言

對於社會運動，在場或指有沒有到現場，有沒有到現場參與。對於一部電影，在場或者指有沒有在電影的畫面中，或畫面外參與製作。對於像《風景》這樣的一部電影，所謂「在場」，既包含電影中的訪問、劇情、場面，甚至是紀錄片式的重演OC討論，也包含製作人等的參與。

然而，這書卻想把電影的「在場」再擴散出去，把評論納入，也把不同人看完電影的反應納入。甄拔濤、黃津鈺和Cat Mak是在優先放映觀看電影的（都已經是兩年前了），並在觀映後寫下自己的反省。至於那場圓桌討論，就是希望以回顧香港十年的社會運動為電影劃一個逗號，或分號，讓對電影的討論稍作呼吸，然後繼續。

於是乎，就有了這部分的，在場的延伸了。

有温度的風景

文／甄拔濤

我有時會在牛棚藝術村工作。如果有充裕時間，午餐的選擇，首選是公廁對面的「阿姐甜品」。雖然店舖名稱有甜品二字，她不只做甜品。應該說，炒小菜、正餐才是她的本業。但是，阿姐真的只有一個。由買料、煮食、接電話到清潔，都一腳踢。她撚的菜好味道不在話下，而且材料新鮮，還會為客人度身訂造菜單。某些十一時過後才收工的日子，未吃晚飯，便會去「阿姐甜品」，開一張四方枱（是的，她其實只能做兩三桌食客而已），在馬路旁，點支啤酒，開餐。去多了，自然和阿姐稔熟起來。知道她一點家庭背景，知道她一人撐起一店而五癆七傷，也知道有時她很晚才收檔因為客人磨到凌晨四點才肯走，還有她家住屯門但翌日早上十一時又要回來開舖。在「阿姐」消磨的時光，是我牛棚記憶的一部分。我從倫敦唸完書回到牛棚後，阿姐便不見了。沒有人知道原因。是加租逼遷？是她決定弄孫為樂洗手不幹了？於是，她便從牛棚那道風景中退出了。然後，城市一切如常。香港人都太習慣了這種不曾預告的告別。那些命中的過客，就由她去吧，但明明她們是一個個活生生有血有肉的人，跟你有些微關係的人。

我想，許雅舒的《風景》最揪心的就是這樣吧。她拍的香港大街小巷，斑駁日常，我都去過，但又好像從未看過。那種我們習以為常的日常，在她手裏，變成了彌足珍貴的時光。太初獨自乘船，面對逝水如斯的茫茫大海，就是一例。香港的風景，有了一種新的顏色。在其中遊弋的眾生，又有種種令人可悲可憐的原因。風景，是有人，有物，有景。而《風景》給我留下的溫度，是自觀影以後始終沒有散去的靈魂印痕。

以色列作家艾默思．奧茲（Amos Oz）曾說，人類曾經十分清楚人生會在哪裏定居終老。自少年時代，他們已經知道從事甚麼職業，也知道其後裔做哪一行，因為很多人都是子承父業。到了現在，這些問題都不能輕易解答。如果問我，三年之後會在那裏做甚麼工作，我也答不上來。也許就是這個原因，太初和雲如此艱困的條件下，死命抓住對方，因為對方的體溫，才是現世最實在的東西。這也是《風景》中「佔領中環」（反抗資本主義的那一次）令人動容的地方——他們可以是無處不在的。只要人性光輝有需要彰顯之時，他們就會嵌在那道風景之中。

英文片名是*Pseudo Secular*，直譯是「偽世俗」或「偽現世」（許雅舒偏好這個），可堪玩味。如果有所謂偽現世，那麼真現世在那裏？真的有真的嗎？不住消失的風景，是否已成為我們的真現世？

我尤其喜歡片中的最後一鏡，太初從金鐘那邊的佔領現場，一直走到中環那邊，然後凝定在隧道口，背景則剛巧是交易廣場。2014年9月，我負笈倫敦，一周後爆發雨傘運動。十二月中我才回到香港，那時佔領運動早已曲終人散。換言之，我錯過了親身到達佔領現場。雖然我有瘋狂追看新聞，三更半夜緊貼臉書，也看了許許多多的傘運書，但沒去過就是沒去過。那種經驗是追不回來的。感謝太初，帶我真真切切看一次現場。那是新聞裏面看不到的風景。沒錯，風景也好，現世也好，都終將消失。不過那美麗動人的每一個當下，我們還是有能力把握得住的。只要我們真正想要的話。

希望疲勞

文／黃津鈺

「團結，不是在天國，是要在地獄才見重要。」

約翰．伯格（John Berger）在電影《昆西四季：約翰伯格的四幀畫像》（*The Seasons in Quincy: Four Portraits of John Berger*）裏頭如是說。聽後，他身旁的人久久不語，低着頭，咀嚼字間情味。團結，天國，地獄，多沉重。沉重，所以沉默。我們都渴望團結，是因為我們都身處地獄？我想這個太難以啟齒，或者純粹不敢苟同，所以無法不沉默。

如果伯格活過地獄，苦難讓他煉就成為優秀的觀察者。他寫藝術，寫戰爭，寫難民，寫人權，寫動物權，舉重若輕，每度生命的風景都是一扇窗口。他說如果自己是個出色的說故事人，是因為自己首先懂得聆聽。他對團結的想像比許多人進步，1972年得到布克獎，公開把一半獎金捐給當年被打成激進的黑人權益組織黑豹黨，因而被譏諷為「文學流氓」。讀伯格的文字不時有種哀，但哀的餘韻總是希望。電影中他也引哈維爾的名句——希望與樂觀主義沒有絲毫關係。說時激動，語調肯定，不容置疑。

希望與樂觀無關。即是說，希望是常數，用不着樂觀；希望是正向條件，樂觀可以是無條件正向。當年的哈維爾，因策劃反政府活動而經常進出監獄。與戰友約定，誰未坐牢，誰就繼續幹。樂觀是，覺得會一年好過一年，覺得世界會更好；希望是，親手創造好的條件。

我認識最積極和我最敬重的社運朋友，骨子裏大多都很悲觀。但積極的悲觀主義者有一種悟性，就是甘願在漆黑中俯身尋找希望。有個頗為經典的悖論——人在漆黑中丟掉鎖匙，卻跑到有路燈的地方尋找。這個悟，意味着要離開人羣，走出焦點，反思希望所在。但是，燈熄掉，沒有漂亮口號，沒有感覺良好，人就散去，很自然。

近來常思考有關團結與希望的事情，可能是對當下的分歧與絕望的一種反射。我對目前像打了激素的民族主義風潮感到相當難熬。世界性的風，香港當然不能幸免。曾經有大專院校邀請我去說香港人身份，我準備了一堆在2015年下載得到的相片與同學分享：那天早上是北京閱兵，然後晚上是中港足球賽事。閱兵感動到大批「媚共」人士，要在社交網絡分享他們向解放軍致敬的相片；晚上因為港隊成功守和賽事，又使到另一班人對港隊致敬。我把圖片都攤出來，讓同學猜猜誰撐共，誰撐港。這個當然不可能猜得到，相中人都是同一副嘴臉。但只要你歸屬一邊，你就有所感動，就覺得另一邊特別醜陋。

再套用伯格的說法，目前許多人賴以抵抗地獄的團結，只會成為另一個地獄。

拉克勞（Ernesto Laclau）曾為民粹政治作出分析。民粹主義成為一種政治邏輯，先要滿足三個條件：建立戰線，把要打倒的劃分開並對立起來；把不同需求整合成共同訴求；最後就是要鞏固這民粹的共同體，成為一個穩定的意義系統。要把多元的人統合，建立「對家」，就要利用空洞能指（empty signifier），越空洞，越能吸引不同的人。例如，「我係香港人」，動員力有目共睹。但千萬不要去解釋甚麼是香港人，香港人有甚麼問題，香港人都有很多壞人，中國大陸都有好多好人等等。一解釋，能指就不空洞，很多人的情緒都放不進去了，就不是個出色的民粹動員。

涉政治的作品都一樣。要多受眾，作品就不要帶太多反思，要能牽動情感，更千萬不可潑冷水。大家以獅子山精神為傲，就不要說獅子山精神揾笨；大家要行動升級，就用自焚故事讓人取暖吧；大家恐共，你就拍恐共電影好了。談甚麼反資本主義？是不是傻了？香港的核心價值不是資本主義嗎？問這些問題的人很麻煩，一問就不好玩了。

對我來說，《風景》的重要正正是要對抗民粹，帶觀影者看一些現在政治作品圈內不流行的內容。這個需要一種醒悟，一種離羣的勇氣。談政治的香港電影少，會談非主流政治的香港電影更少。我想，這個離羣，反而對羣眾有裨益；這個不合時宜，卻最合時。導演也應該清楚民粹商品暢銷，但知道鎖匙不在那裏丟失，也就管不了你喜歡與否，就只是呈現。甚至乎就連想看一齣戲後大哭一場的觀眾也不去照顧，因為它不用畫面擠眼淚，不用音樂撥動愁緒。半開玩笑地對導演說，看完後，明白我們為何會對先人說 rest in peace 了。尤其當你曾經親歷其境，甚至看得出當中劇情片段的出處。再次看到我們的散散聚聚，其實很累。

但是再累，也要承認，希望確確實實存在。它存在於人的轉念之間，微小但確實的行動之中。因此在最失落最悲觀的時候，我會把目光從不着邊際、巨大得令人窒息的時代中移開，轉移到這些積極地留在暗處的人的身上。然後會發現，真正的希望不在大台上，不在議會內，不在媒體中。就像一處處自發的堵路、佔領，只要數人走在一起，坐下來，一同搜索，就能隱約感受它的存在。就算活在死谷爛谷，我們仍然可以選擇走難行的，但對的路。不順應時代，或者，就是人禽之別。作為人，就有希望。

共治社區的實驗

文／Cat Mak

會起筆寫這文章，是由於參與了兩場《風景》的拍攝，那是模擬2011至2012年那次佔領中環（我們會稱之為OC，即“Occupy Central”的簡寫）的開會場面。我並非甚麼演員，卻是去扮演數年前的自己，對白出自拍攝當刻的腦袋。

應Rita的邀請寫點東西。題目是甚麼，說可以由我決定。敲定了要寫一寫這次佔領的經驗後，落筆卻那麼困難。在這時間發生過太多太多事情，我寫的何止只是片面之詞，根本是腦內經過無數細節篡改、補完、總結的情節，實在很擔心會被理解為詮釋了OC的整體；同一時間，個體的經驗又確實不是可以抹煞的整體的一部分。權宜之計是把這個考慮也寫出來，讀者也請別把這篇東西看得太重，根本只是我詮釋出來的一角。

另一個原因要這樣說在前頭，是由於個體與集體之間的關係，在開出一個如此奇異的空間之後，便開始了漫長而不同向度的辯證探索，所以說出來也是為了呈現當時這種關係和張力。如果真想掌握多些OC發生過甚麼，請到「佔領中環」的Facebook page掃晒所有post，又其實，沒有任何文字、紀錄可以還原曾發生的事件。

* * *

第一天及最後一天清場前，我也是躺在水泥地上，直視在半空走動的人們，還有玻璃之外的千萬個太陽。之後很多個早上，我躺在還未加篷頂的營內時，都被這些全年無休的猛烈燈光照射着。過度的明亮，代表過度的資源使用。如果有后羿來射日，相信會很勞累。

「上層建築與下層建築」、「離地與貼地」，沒有遇見過比這更明顯的意象。忍不住揮手叫上面玻璃世界觀看的人下來。

「你揮手佢地都唔會落嚟喋啦。」身旁的同伴說。

我回了句「可能會呢？」。可能下來罵我們，心想。

當然這個舉動很無聊、無用，不過在那一刻真的很有所謂嗎？有時不想自己太介意去做看似白費氣力、無用的事；同樣，佔領中環滙豐從第一天就有人說我們白費氣力。

我們都不知道，做了一件事之後會否產生甚麼漣漪或帶來甚麼改變，只能盡力去想去試去做，俗語所講不是包生仔囉。人們對社會運動可以即時見效的期望，以至只用成敗作為唯一標準去看運動的果效，總是使我搖頭嘆息。

* * *

響應美國「佔領華爾街」呼召全球"Occupy Together"，一些民間團體及市民在2011年10月15日舉行遊行和集會，而地點，正是在可以對應華爾街金融中心的中環發生。在該集會的討論上，有參加者提出若要搞港版佔領的可能合適地點，是在滙豐銀行的底部，既是金融地標，也出於實際考慮，有瓦遮頭附近又有廁所。坐言起行，一大堆人就遊行到滙豐。

入夜，人數疏落了點，但仍有大群不願離開的人聊至天亮。走或留，成了各人回家之前的問號。到了第二天，來了個轉捩點，有些朋友把大堆傢俱搬到佔領現場，那是屬於FM101——一個快被業主逼遷的團體會址內的物品。那些朋友類似係講過「反正都唔知可以搬得去邊」。

明天是否會被清場，仍然是個謎；但有了這些傢俱之後，好像有了留守下去的氣氛，又不知怎的，好像你會留，所以我也覺得可以留，你眼望我眼，你推動我我也推動你。總之，真的有些瘋狂的人留下來了。之後的日子有警察或保安員不時巡邏、監視，但好像沒有即時清場的動靜。警察和保安成了我們的日常，我們則成為了中環這整潔有序的甲級商業區，一道逆行的景觀。

在這兒留着的人每天慢慢地、認真地討論怎樣建立這個空間，希望有怎樣的社群關係，想要帶出甚麼訊息給這個社會，批評代議政制，批評資本主義，批評傳媒、法律、教育、管理和規劃，盡情説出一切美好的想像，想要在這個小群體內以另一種方式運作——那怕，我們自己都有很多自身限制，或者所想根本虛妄——只是在這個空間，彼此接納對方有好多幻想，即使和現在世界的邏輯相違，甚至和社運常見的理解不一，仍可以一聽甚至一試。

就是這樣，由社會的運作至OC的運作，全球關係社會關係至集體至個人，性格喜好和日常習慣，這大堆東西互相貫穿於每天的交談討論，本來不相識的人開始互相了解，建立起情誼和默契，累積了想法，至後來發展出一種有意識地講求互助、共識，組織鬆散、開放，而關係緊密的集體生活。

「討論」一詞原為中性，在2014的佔領後卻被加上了負面的意思，無異於企圖「推散」行動。不過在2011至2012年的佔領，「討論」所指向的，不僅是一個互相理解和溝通的空間，讓不同人有機會去表達和發展表達能力，也催生了行動和促進了持續抗爭的韌性。沒有領袖，而是聆聽不同人的想法，整理並得出結論，探尋各人都願意接受的大小決議方案。亦即是，每天學習實踐出可以尊重和包容個體差異的共識民主。

我們甚至對是否要「反對資本主義」以及掛出這一面旗幟，都有經過重新思考及討論。對許多人來說，大概這就是不團結、浪費時間的表現吧，但我其實覺得沒有所謂浪費，可以團結的基礎，正正是願意給予時間去聆聽，理清面前的人和自己的差異，再去尋求共同。而我總是不太明白，是不是對和自己一起的緊密的人，沒有了解興趣，以至於，也沒有多聽的耐性？

這一切由今日唔知聽日事開始，初時沒有那麼明確的目標，只是拉雜成軍。初段的混亂和陌生感使尋路頗為費時，卻又是似乎是無可避免的過程。

民主還是得慢慢來。

＊　＊　＊

既然可以稱得上實驗，當然有很多艱難的地方。

在這樣多限制的社會長大，身體和意識已經過多年規訓，各人要去掙開既有習慣和框架，自是困難重重；而想要集體一起掙開這些枷鎖，自不然也碰上許多不協調不同步，甚至令人難過難堪的地方。在和不同人的磨合中，其實也同時挖掘出自己的慾望和黑暗，是否夠勇氣呈現和接受自己的不足？是否願意接受他人的不足？也接受他人和自己就是如此不一樣？講時容易，做時難，互相赤裸可以是很可怕的相遇。但，由於很希望大家可以「一齊」，就需要有互相接受的磨合，我們一起經歷一場血肉模糊之後，只希望找到的，會不會有可能是通向共存的一條鑰匙？

許多人覺得受不了這種集體，選擇不留下；也有人覺得深感不認同，覺得那些「只不過」是討論，只說不做浪費時間，既不想參與，亦覺得成不了大事，之後走了。也有些人原有的生活，與這兒形成的運作方式不太可以協調到，而無法更大程度參與。

這場肉搏值得嗎？只可說，分而治之是自古以來政權統治人民的手段。不少人都會知道，單一個體反抗權威的力量不足，需要集結力量方可以抵抗。只是如何集結？如何團結？我們懂得需要又如何拉雜成軍嗎？協助任何政權維穩的力量，是我們以為只有「自己代表自己」，而沒有使個體走向集體的過程；另一種是不相信自己的力量，要找大佬找靠山；再有一種，是不相信身邊的人的力量，自己成為大佬。這次實驗，大概就是一種這樣的嘗試：相信自己，相信身邊的人。

有很多人跟我們講過，這是很烏托邦的想法。

相比起外邊那麼多計較計算的世界，這算是少數澄明的地方吧；而如果這是，也不過說明了烏托邦並不是一個不痛不癢讓人走進去享福的地方，無論如何，都要經過我們的雙手共同打造。

* * *

（以下摘自，在 OC page 某個 post，某個 page admin 的留言）

一張方便枱一個吉士爐，有人煮飯就是廚房。角鐵加木板用尼龍繩綁好，把書放上去就是書櫃。大而無當的立方我們用來掠衫。紙皮毛毯鋪在地上便成了我們的床。颱風襲港先突襲我們的廚房。失意老外變賣了愛書人的家當。樂於分享的同時，有時忘了擔當。不斷敞開放開打破超越，冷不防\妨失足絆倒碰傷流血。

十個月來不同人的聚合離散，生出了一個仍然幼嫩的佔領中環。

理念的轉化、想法的生成和實踐，來自眾人日以繼夜，夜以繼日，用一己的腦袋和有限的經驗，去思考這小社區以內以外共同面對的矛盾，嘗試掙脫自身在制度中浸淫多年而成的種種限制。這個實驗可以指摘，尚未做到的地方很多很多，在佔領的第三百一十三天，你可以選擇繼續站在螢幕之前報紙後面的遠處指手劃腳，但我們一如以往，期待你把你的批判/疑惑/想像/力量帶來加入、投放、交流、轉化。

中環內，中環外，我們只有依靠願意同在一起的人，以彼此作最忠實的指引。

* * *

（以下摘自，在OC page某個post，某個路人的留言）

十個月來的抗爭看不見得對大企業和所謂的霸權的地位造成動搖。而社會和普羅市民對資本主義、現行的經濟體系及政策都不見得有甚麼大革新的要求和提議。我並不是反對佔領行動，亦十分明白大家對社會日漸不合理的現象的反感。然而要改變這股不合理並不是單靠這種佔領，或遊行，喊口號等來取得成果。要得到社會的廣泛認同，必須對這個問題有充分的研究，譬如反對大企業貪婪，沒有足夠的數據，沒有就企業對社會資源造成不公平分配作出詳細的學術研究，很難說服廣大市民的支持，而更重要的是大家沒有提出一些可以抗行霸權的建議。

香港十年社會運動的幾種說法——《風景》與社會運動圓桌討論

筆錄／何阿嵐、譚以諾　主持／小西、譚以諾

譚以諾——諾
小　西——西
李智良——李
黃衍仁——黃
林　森——林
盧勁馳——盧
鄧建華——鄧
俞若玫——俞
梁寶山——梁
譚棨禧——禧
許雅舒——許

前言

導演許雅舒在試映時，已經很期望能辦一場圓桌討論會，除了談電影內部外，希望能談到電影的外延，視電影為媒介，連結不同的聲音、說法和論述。一年前的想法，一年後由於很多機緣和緣分，就組合來自不同界別的人，透過電影的社運意識，回望過去十年來香港的社會運動的情況。由保衛天星皇后碼頭起，出入利東街和藍屋，觸及「佔領中環」和德昌里，旁及反國教和中產，回應雨傘運動和本土論述的種種。

由保衛天星皇后碼頭運動談起

諾　這次邀請大家，是想透過討論 Rita（許雅舒）的《風景》，回望過去十年的社會運動。Rita 野心很大，《風景》整理了天星皇后後的社會運動。天星皇后對香港或對我自己而言影響很大，影響接下來的十年，延續到這一刻。所以這次邀各位，希望談談天星皇后，並往後的社區保育和各式抗爭運動，回看這十年發生了甚麼事。

西　電影也涉及很多不同社運。重現佔領中環（Occupying Central，簡稱 OC）的場面中，佔領者身處的地方都是過去其他社運場所，像貨櫃碼頭。她又放入在社運現場拍攝的畫面，如記念李旺陽遊行、反東北發展、反高鐵等。Rita 把這些社運畫面放在一部電影內，我笑說這是 Rita 的「鄧寇克大行動」。對我而言，這不單是一個又一個的社運，每場社運都是對上一次社運的延續。

李　聽你們的說法令我很困擾，那究竟甚麼為之「社運」？在電影中沒有出現的算不算？如多年來的工運或者外傭爭取權益運動。我們應該怎樣畫出討論範圍？電影中的 OC 和後來的佔領性質上也不相同，前者反資本主義，後者的主調與此無關，將兩者放在一起討論令我很困惑。你們提到反抗運動，涉及的範圍很大。

西　當然，近十年有很多反抗運動，無法全都回顧。電影嘗試整理一個脈絡，但我們的討論也不必然只關注電影觸及的反抗運動。每件社運事件固然有其脈絡，但也不一定沒有關聯。現在事後看來，天星皇后、反高鐵、東北發展、OC 和雨傘形態不同，但也有一定關聯。所以我們才從此發問，看看現在回看有甚麼新想法。我們的討論可以關注眼前那場運動，也可以拉開至不同的運動。

或許我們可以先由導演談起。Rita，你刻意把幾場社運結合起來，可不可以談談當初的想法？

許 當我談論社運，若從主權移交後談起的話，我覺得很重要的事件無疑是皇后碼頭（保護皇后碼頭運動）。皇后碼頭提出了「本土」的概念，而我得以在運動中重新認識這空間。碼頭這公共空間不只是英女皇上岸之地，同時（在重溯歷史時發現當中）發生過很多工運，六六暴動也由此開始。我也寫及反高鐵、反替補機制等事件，從中我再回想本土，又與農業和日常生活有關。如此我在問，我們可不可以重新思考「本土」的使用方法。

至於雨傘運動，我寫劇本時還未發生，因而沒有想過雨傘和之前的社運有何關係。不過至少在視覺上，佔領的畫面和以往的社運有相似之處，所以才把它與其他社運放在一起。

俞 我想起一件往事，不知有沒有參考價值。當年和阿伍（基層發展中心）一起參與皇后碼頭運動時，有些經驗豐富的社運人士不能理解當時發生的事情。記得一次，多名警察包圍三名示威者，何來等人來了，阿伍又介入，他們以往經常在街頭與警察對峙，也與警方多有溝通。但在這運動中，他們發現參與者並不想與警察溝通。她們不明所以，感到那運動與過去的抗爭很不一樣。以前他們反資反領滙，對象很清晰，知道何時進何時退，基本上沒有佔領這個概念。但保護皇后碼頭完全不一樣，那裏沒有住民，人們佔領和保護的是一個空間，有空間的意識。但對於阿伍那一代人來說，他們並不理解這種抗爭。

林 還記得當時提到皇后無居民，所以參與者要住進去。這是他們那時無法理解……

俞 對，他們無法理解，因為他們以往的抗爭都是很實在的。但當你談回憶、文化時，他們不明白你在保護甚麼。社會運動的方式也不同了。當時在皇后，示威者不會和警察「講數」，不希望議員介入。泛民的議員想過要介入的，但他們被要求離開，好像已有「折大台」的想法，是一場自主運動。阿伍他們還形容這就是後現代的社會運動，化集體為散，是新世代的社運方式。

黃 真的要在腦海中找回記憶，事情太久遠了。記得當時是有前輩提出這些問題，我也很久沒有聽到這些說法了。

俞 這就是反抗方式的轉變。轉變很大，皇后（碼頭）沒有住民，但都要佔領，因為有意義，亦能有文化生成。老一代抗爭者不認為這樣有作用，兩代人之間幾乎不能溝通。

西 保衛天星皇后時辦了很多活動。有一晚是（陳）順馨和邵家臻的對談。當時主權移交十週年，進一步出版了很多書，順馨在其中一本書寫到七、八十年代的油麻地艇戶居民運動。順馨提出每場反抗運動都有連結，而且佔領一早就已經有過了，只不過佔領的時間不長。所以我覺得有趣，對於保衛皇后，有些前輩無法理解，亦有前輩很想去理解。至於「集體回憶」一說，當時本土行動並不認同。

黃 但無論你怎樣反對，民意理解是另一回事。

林 （中環舊）天星碼頭關閉時，有十多萬人次拍照留念，我們已經很擔心「集體回憶」會成為主要說法，因為第二天報紙就以集體回憶為題。我們對此很在意，不想外間以為我們保育只是為了集體回憶。

那時我們並不是很有計劃的。是天星碼頭被封了，我們才想可以做甚麼呢？看到皇后碼頭就在旁邊，而又知道它很快會被折走，所以移師到皇后（繼續佔領），想要搞些活動，讓更多人來到。

西　我一直有一個印象，保衛天星皇后其實是很「甩轆」的運動。朱凱迪現在被看成是保衛皇后碼頭的重要人物，但他其實很遲才留意這件事。最早留意的是思網絡，他們知道碼頭要拆卸，在西港城辦講座。當時我是獨立媒體的編輯，對其他人說要留意這事，但他們未能理解這是甚麼一回事。事實上，那時已有藝術家如曾德平等人每星期在天星有藝術行動。後來，楊陽在地盤很「弱雞」地擋着地盤車，朱凱迪看見便說「咁弱雞，點做（抗爭）運動呀。」很多參與者和團體是不知為何被捲入這場運動的，最初也不知如何保護（碼頭），如林森所說，知道重要，卻沒有明確方向。

是先行動，然後再慢慢建立意義，透過佔領空間產生關係，意義才發生。

黃　我開始留意天星亦是因為思網絡的報道，還有一些藝術家如何來等的藝術行動。當時我們「自治八樓」（學聯社會運動資源中心）的切入點是規劃民主化，（拆卸碼頭）是不公義的問題，因政府沒有做公眾諮詢。我沒有理會回憶的問題，反而，每星期有很多菲傭在那裏休息。我們也可以從美學角度去保護，如鐘聲動聽之類。總之不是回憶的問題，而更多是公義的問題。

林　現在回想，當時的錄影力量、影行者等，比較多關注重建區，深水埗呀、利東街等。透過這些運動，我慢慢由外人變成了解，明白到一個地方的價值從來不是建築物，更加是人的生活，但人的生活從來不被政府重視，像天星皇后，會想到自己作為香港人，其實

政府應不應該……

西 但天星皇后沒有居民。

林 對呀，但規劃這些地方又有沒有問過香港人呢？

黃 所有人都是用家，並非某一二百人使用。

盧 所以就有了公共空間的討論。

西 後來有人提到，碼頭不論假期或平日，都有不少人使用，所以大家是有回憶的，有集體回憶也不出奇，因為人人活生生地使用。

諾 我想退後一步來看這事。你們是「參與者」，我會介定自己是「旁觀者」，雖然明白不能這樣硬性劃分，但我自己不會覺得自己的參與者。我觀察到的是，利東街等的權益運動，及保護天星皇后吸引其他看似不干事的人。

勁馳提到公共空間，似乎又與Cally（俞若玫）提到的住民和居住權有關。當一個地方有住民擁有居住權時，他們就變成運動的主體，其他參與抗爭的人就協助主體。但天星皇后不一樣，在社運過程中，我們會說人人都可以使用，都是空間的主人。現在重看保衛天星皇后，好像是沒有抗爭「主體」，運動反而吸引更多人參與。主體變成符號，而符號可以是碼頭，可以是回憶、美學或規劃民主化。

西 鄧建華是何時參與保衛天星皇后？

鄧 為甚麼會參與真的很難說，當時我還是中學生，有留意新聞，但我沒有經常去天星。原因很簡單，因為我住荃灣，很少到港島去。當時我經歷學習的過程，那階段對我來說很重要。那時我還不算參與者，後來他們辦導賞團，我又與同學一同參加，最後兩星期有更多活動，好像剛剛提到順馨的講座，還有（謝）柏齊，來來回回參與了不少。

我覺得天星皇后在論述上，好像被套入「集體回憶」的框架內。其實運動除了公共空間的討論外，還想發掘歷史，特別是香港的抗爭歷史，當時談論抗爭歷史時也會套用「本土」這詞語。

西 還有還港於民。

鄧 香港人除了是經濟動物外，還有很多抗爭歷史。絕食宣言就令人回想蘇守忠的絕食，是關於本土的抗爭。有些行動不是為了香港（指保釣），亦有很多行動是關於中國和台灣的。皇后令我感到很震撼的也是這一點。我覺得皇后之後，最重要的是紮鐵工人罷工，從我經驗來說是兩者有延伸性，差不多時間爆發，（自治）八樓的人又會帶我去支持。所以對我來說是一波又一波的過程。

西　2006年是天星，2007年是皇后，紫鐵工人罷工同樣是2007年？

鄧　皇后是八月清場的，紫鐵工人是八月至九月間的事。

黃　不然，為何惟工新聞會有紫鐵十年專題。

西　我經常將貨櫃碼頭工潮和紫鐵工人罷工混淆了。

鄧　貨櫃碼頭是2013年的事。紫鐵工人罷工其實就有剛剛提到的抗爭主體，其他人來支持，我很記得在皇后時，有人討論這個問題。如果大家記得，紫鐵工人罷工時，皇后的示威者有到場聲援，但不太受歡迎，因為兩者的gap（差距）很大。

俞　當時我也在現場。皇后抗爭者到現場時，工友噓得很厲害。

鄧　我的理解是因為我們要保育，不能拆，工友認為這種會阻礙生計。我現時處身在工會，感受到這個gap。

西　反高鐵時都有類似爭議。沒有高鐵，工友就沒有工作。

盧　政府借此攻擊社運。

西　天星皇后也有利東街街坊來支持運動。社運事件之間既有張力又有關聯。當時一直理解是，保衛皇后後期，太原街和藍屋的運動同樣到尾聲，皇后實際上帶來影響。保衛皇后（失敗）後，太原街和藍屋能夠保留……

黃　但利東街沒能保留。

西　對。當年關於保育議題在媒體上，由報紙的A尾升上頭版，變成話題，這也算是一種影響。

俞 但我覺得每場運動的連結……這樣說太簡單，需要再仔細去分析，好像藍屋背後有聖雅各福群會。而藍屋被看成是成功例子，但又是否真的成功呢？

盧 聖雅各福群會也有參與利東街，還有灣仔區議會，所以藍屋亦與利東街有關，不是此消彼長，中間有持分者的關係千思萬縷，政府亦是其中一份子。

林 只不過是林鄭月娥的面子工程。

西 開放檔案我們才真正理解到事件的來龍去脈，但事件間未必完全沒有影響。

盧 我們怎樣理解運動的連結和張力？剛剛提到紮鐵工人的情況很有趣，工友開不開工，與政府說發展基建緊密相連，他們會覺得開飯大晒，然後覺得阻礙發展好大件事。當時天星皇后也經常提到發展主義，另一面就提到新本土價值。所以重建運動複雜的地方在於它沒有明顯的對立面。

李 連結點會不會是當時談到的規劃和城市權？思網絡本身是專業人士，當時又有參與者與台灣的城鄉所聯繫，記憶中台灣樂生園保留運動的其中一個策略都是指出歷史古蹟的規劃問題，某方面說，論述上是接通的，但樂生園有一群很明確的抗爭主體。

西 記得YC（陳允中）和司徒（薇）找（台灣的）劉可強來搞講座，講述台灣和三藩市的經驗。劉可強有一個很出名的案例名為I-Hotel，是三藩市一座很重要的古蹟，菲律賓人住的旅館，後來和政府爭取了很久才可以保留下來。科大（香港科技大學）谷淑美教授的一篇文章說社區規劃不是由天星皇后提出，九十年代規劃界已經有人提出這問題。

社會運動與日常生活

西 我想回到 Rita 剛剛提到的問題。電影並非直接談論運動，大多數時候是談及運動者本身，談及他們離開運動後的日常生活，甚至沒有進入運動的人的日常生活。剛剛 Leo（鄧建華）提到紮鐵工友和皇后運動有衝突，反映日常本來的樣子，運動和運動外的日常生活有甚麼關係？記得天星皇后時其中一件大事是城市論壇，林鄭(月娥)到場，好逼人，好像很多人，但其實現場只有幾百人。我好奇，究竟其他人在做甚麼呢？十年後，Rita 拍了《風景》，都是同一個問題意識，究竟其他人的日常是怎樣？為甚麼沒有參與運動和抗爭？

鄧 你指的其他人是……？其他人可以是泛指很多人。

盧 所謂其他人，應該以社運的框架來談。我覺得可以對比，例如反高鐵時，為何運動後期有上萬人包圍立法會？為何天星又這麼少人？

西 並不是指責。像雨傘時，所謂其他人，我們會稱為藍絲，反對運動的人，我經常思考，對於不參與社運的人來說，社運是甚麼來的，為甚麼扣不上關係。

盧 普通人其實是謎一樣的東西。

諾 我嘗試回應小西的問題。我覺得這可能與抗爭對象有關。當你反資本主義，就不會有像藍絲的人，或反反資本主義的人出來反對你，像天星皇后對公共空間或空間民主化的討論、OC 在中環滙豐底下的佔領，都有反資本主義的傾向。而另一邊的反抗對象是反國族主義，或反中共。這出現的對立面不是反反資本主義，而是反反國族主義的人。

黃 反資本主義其實幾乎沒有在香港社運出現過。

西 六七算不算？

鄧 當然與反資本主義有關，但還有其他更多事。

黃 反高鐵最多是反發展主義，發展主義去到很瘋狂的程度，所有事很急速，所以我們反思為甚麼不關心自然環境，關心其他生活的可能。但當中並沒有一種自覺說這是一個全球運動，或面對的是新自由主義對我們的影響，並沒有這樣。雨傘更與之無關。OC的緣起是因為「佔領華爾街」，因為金融主義太恐怖了，大家開始反思金融主義，雖非每位參與者都這樣想，但一定產生影響。後來我們只不過是想在滙豐試試坐久一點，誰知他們沒有趕走我們。

諾 我所說的也並非明確地反資本主義，或者可以說是反發展，或反思發展。同理，雨傘也不是真的反中共，大概是反國家的高壓介入。不論如何，起碼都是有「反」的想法，OC也有反發展的想法，亦有反思資本主義浪潮背後，所以才會組織合作社，尋找自己的生產模式，又或離開都市做農業生產。這件事又與天星皇后那時提出的社區保育、反資本、反發展至上和空間議題有關。後來的雨傘，雖說主調並非反發展，但也有空間重組和再生產。

西 譚以諾提到的令我想起，就是很多運動都重提日常生活，流行到一個地步使現在的學生會說出「我們的夢想是務農」。以前的學生不會這樣想，四年前也不會這樣。

俞 因為現時中學有老師帶學生去農田，帶他們去看看是甚麼一回事。

許 是一種士紳化，小朋友會去耕種，種士多啤梨。

西 經歷了多場運動後，不少人多思考了生活。我觀察到有些朋友和團體做另類生活實踐，包括德昌里、周思中，嘗試另一種生活方式。如果沒有菜園村和反高鐵，就不會走這條路。

李 但這些例子會否太個別？生活要徹底轉變其實也有門檻，不是每個人都能做到。回到剛剛問題，其他人去了那兒？社運好多人出出入入，在不同運動中出現又消失，可能總體人口其實沒有擴張多少？參與社運也有門檻，例如時間、金錢、健康，或顧累家人，還有因緣際會，例如要建立合作社或共同生活就需要很多緣分和條件配合。

鄧 對大多數人來說，運動只會影響參與的人，介入不到其他人的生活，這正是香港社會運動的缺乏。務農的人很少，德昌里也是少數。對一般勞苦大眾，怎樣的運動才能介入他們生活呢？在雨傘運動後，介入生活的意思是

上班下班外的公共生活，例如會不會參與業主立案法團呢？現在人人都説區議會，區議會也只不過是投票，就連「風雲計劃」都只是投票。

搞工會就會有多一重關係，雖然沒有扭轉生產關係，但老板和員工的關係會不一樣。好像國泰的工會，員工在搞工會時會與公司多了另一種關係，有另一種公民身份的實踐。但對大部分人來説，他們沒有這種關係。如果不能建立這種日常的實踐，那麼出來參與社運的就只得學生了，因為他們有時間。近年的社運，從反國教到雨傘，領頭人都是學生，因為有閒，但畢業投入社會後就未必能如此。

黃 你使我想到皇后碼頭時我們提出空間的重要性。城市的空間越來越少，但這類空間可以引發很多事，搞很多活動，好像七十年代艇戶運動搞講座，參與者可以聚下來，產生一個社群。正因為生活沒有社群，使大部分人覺得參與抗爭的門檻很高。我們經常需要孤軍去面對。像是，若有人沒飯吃，有沒有人可以做飯？有沒有人可以請別人吃飯？我想有地方和別人聊聊天呀，能坐三小時，這樣的空間可以讓很多事發生。這是一個門檻，不是個人的，而是整個社會在空間上沒有讓這些機會出現。

俞 這就是雨傘運動時金鐘和旺角出現的狀況，所有未曾想像的公共生活都出現，無論是情感、身體或是知性，很多事情發生。

李 記得有個朋友當時在拍紀錄片，認識了一班所謂「邊青」，在學校不開心，又不想回家，他們就在旺角佔領區慢慢形成了一個小小的圈子，一起聊天，吃飯，又會帶湯水來，有好多事發生。

黃 他們認識到自己是邊青中的邊青，但其實香港大部人也不會意識到自己其實是在邊青狀態。

李 因為我們活在競爭邏輯裏，唯有賺更多先可以享受「生活」，但佔領把這些都拉平了。

黃 我當時不算投入，亦感受到一種阻力。三年後我有疑問，參與雨傘的人究竟有多少懂得去感恩這種生活空間，知道這些的重要性。就算沒有雨傘運動，有沒有慾望建立這種質素的生活呢？

西 最近我寫八樓的文章，追查資料，原來2003年已經有公共空間的討論，至今有不少實驗，但(其他人)為何不嘗試實踐這些經驗？

黃 但你想想看，佔旺時打乒乓、打邊爐也不成。十年來提倡公共空間，最後發現原來知道的人很少，真的有好多人沒有想過原來可以這樣子生活。雨傘變成一場你死我亡的戰鬥，很多人覺得我只有這次機會。有人是真心的，所以他們看到有人燒烤就覺得不行呀，我們在打仗呀，當然有些人是政治上知道你是甚麼人而攻擊你，兩者混合就成了那個力量。真心的人會說我不知道你說的公共空間、日常生活是甚麼，不要搞這些。他們很真心，未接觸也未有機會去想這些事。

俞 有很多人雨傘才第一次上街，也有不少中年人，明星級中年人，像明哥(黃耀明)呀，何韻詩，他們很留戀，感到那時有相對平等的狀態，也有年輕人也不時提到那段時光，很珍惜那段時間，但卻不知日後怎走下去。也有一批藝術家不能再創作，不再演出，不再做作品，特別是視覺藝術家。

西 聽過一些例子是藝術學校學生需要停學一年。

俞 有成年藝術家兩年時間完全不能創作，有一批視覺藝術家在運動前線看着警察打人，自己亦被打，雨傘後無法創作。八十後，特別是八十年代尾出生的一批，怒氣很大。劇場可能好一點，至少做演出表達出來，但有些舞者也是不行。

許 劇場人是一大班人合作，但視覺藝術家往往只有一個人……

西 藝術家比平常人有彈性，除了衍仁剛剛提到的學生，還有自由工作者，時間比較鬆動，容易點投入，視覺藝術家比劇場人彈性又大一點。

許 我們拍片的都會這樣。

鄧 這三年來為甚麼大家不把佔領經驗帶到生活去？就是沒有機會和其他人傾談。我都認識一些朋友都沉下來。

西 但雨傘不是一條村來嗎？不是有很多連結和合作嗎？

諾 大家剛剛提到藝術家，但有不少人（運動參與者）是做辦公室工作，有些人參與了，感受過金鐘和旺角的氣氛，過後回到辦公室空間，好像甚麼都沒有發生。他們無法在辦公室空間與人討論這個問題，彷佛在這空間中不存在雨傘運動。

黃 不是不想提，而是大家也不要提起雨傘。

盧 小西剛剛提問幾場運動之間有甚麼聯繫，到底每一場運動之後對生活有甚麼影響。其實當中有一個假設，就是認為每一場運動都可以承傳。我們也可以從另一個角度看。運動每每給參與者與旁觀者一些反省，那麼運動會不會加深大家對自己身處的生活剝削狀況的了解？近年本土派出現，社會仇恨增加可能與此有關。被剝削的狀況意識增強了，感到全球化的壓迫，生活空間不如人，發展主義好恐佈，共產黨好像會從家中走出來強姦我們似的。

諾 勁馳提到的像是普羅市民的現象，（被壓的感受）不停加疊。以行動轉化的人可以有出口，但有很多人都沒有。

西 另一件事印象也很深刻，就是佔旺時晚上人很多，但早上六時左右就會離開佔領區如常上班。他們一定要返工，日常生活空間與運動斷開。回應譚以諾，運動完了，運動空間也沒有了，日常空間和運動空間沒有關係。雨傘期間我會上佛堂，還會帶上黃絲帶，當師父見到我時，他只點點頭說，收起它吧。後來我才知我上的佛堂有一位大師兄每天都在政府總部返工……

俞 你令我想起另一件事，我有一次在旺角，行往小巴站坐小巴，正好前一天有黑社會攻擊示威者。在小巴站前，有位大叔過來對我說，不要帶着黃絲帶，不然會被打。這些事讓我很感動，他是為了你好才對你說，在其他運動很少見其他人會替你擔心。

盧 這亦是一種對社運的影響。好像近年多了年輕人來參選。

許 多了素人參政。

盧 對，是素人……

李 但這不代表（有甚麼改變）。OC和雨傘運動有很大差別，是因為OC我會形容為直接民主的方式，但雨傘的訴求是代議政制。雖然現在是多了人參選，但他們都是希望問題能在代議政制架構內解決。

現在是多了小團體在社區工作，但還未見到有很強的整合平台或機制，可以把它們組織起來。大家有沒有這個組織意識呢？我們在短時間上很難會再有大型的廣場運動，而大家也在雨傘中看到廣場運動的限制，那麼，我們應該要找新的組織形式，這個是雨傘後最應該思考的問題，但大家都在悲情呀悲情。可能我是沒有太多參與吧……

諾　借用勁馳來回應智良，我們看來要面對（運動中的）情感面向。

李　但我們沒有思想資源去面對。以《風景》為例，好多影評人也不想面對你這部電影。好明顯的，因為Rita對整件事比較批判，懷疑本土身份，又有一個很強的女性視角，評論人會覺得你的電影令他們不安，無辦法理解，只會去支持黃進……

許　現在是《逆權司機》。

李　……因為在你的電影中看到運動的癥結。我們現在的文化工業制式評論根本無法處理，但如果不經過集體處理，就有很多鬱結，然後這些能量就傳到本土派，被仇恨論述吸收，就算本土派不再，也會有另外的牛鬼蛇神出現。

許　雨傘之後，好多人不再信政黨，令我想起，好像是大埔先有反圍標，然後他們以自己的經驗去幫助其他團體反圍標，開始由自己出發。又因為我是媽媽，自然關注小朋友讀書的事，關注TSA（小學生全港性系統評估），有一班媽媽出來反對，慢慢開始討論，關注小朋友是不是太多功課。

西　你覺得日常生活的權力結構在變動中？

許 是變動中，但變得很慢。例如我很擔心普教中(以普通話教授中國語文科)，但其實不是太多人擔心這件事，每一次遊行示威，從家中出來都會想，今天會有多少人走出來呢？最近遇到一件事，鄰居的女兒長大了要清走一些書，打算送一些給我，我把書拿出來時嚇一跳，除了有我很不喜歡的迪士尼公主書外，還有很多簡體字書，我以為普教中是中產家庭都關注的問題，但原來不是。

盧 因為之前反國民教育，好像是很多人注意這問題。我反而想問，如果沒有反國教運動，你會不會同樣關注？

許 就算沒有反國教，都一樣會關注。

盧 你會關注，但若果沒有反國教運動，你就不會期望其他人也會關注這個問題了。我覺得，反國民教育運動並不是真的很成功。

許 但父母很多都會討論 TSA 的問題。

盧 TSA 還好，大家都針對教育局的問題。

（梁寶山、譚棨禧到場）

運動創傷後遺

西 想到譚以諾剛剛提到情感面向的問題，那我想問 Leo，在組織工運的經驗裏，這方面你有沒有觀察到甚麼？

盧 我覺得人是有能力去處理情感的，不要假設人類不理性。有些人就算認知到香港無得救，也可以很理性地處理這件事，不一定只得忿怒這一情緒。社會運動加深大家對問題的理解，會同時增加理性的認知和情緒，而兩個方面我們都需要觸及。

鄧　讓我談談工友的經驗。資深工友在工運中，不會有「這次運動是最後一次」的想法。雨傘運動中，之所以出現這麼多個人創傷，因為大家覺得這是最後一次，最後一鋪，但工會裏的老前輩不會這樣。關鍵的分別在於，資深工友有一直累積社會運動的經驗，而很多參與雨傘運動的人並沒有這樣的經驗，像與公司談判的經驗。這些經驗都會讓抗爭者多了一層社會關係。

西　外傭有沒有參與雨傘呢？

鄧　有聲援和支援，但因為主體的問題……

李　主體本身都好排外啦。

鄧　他們會聲援，會留意，但沒有甚麼位置可以介入。

俞　我想談談對學生的觀察。當他們對權力架構敏感，或意識到受壓制又苦無出路時，他們得學習更善於融入制度，會學習變得沉默，或學習去玩這個遊戲，成為勝利者。好多學生都會這樣想，中學生也變得好平靜。

鄧　校園好平靜。

俞　靜得好恐怖。

鄧　感覺上，現在推翻了以往的做法，但又未能在此建立新的做事方法，與其他事連結又少，實踐經驗也不多，於是使人變得更沉默。

盧　聽《字花》的寫作班老師説，學生不會再寫任何與社會政治有關的議題。不知為何這兩年變成這樣，特別是中學生。

李　我反而在課堂上多講了。

諾 大學三、四年級那批曾參與雨傘，剛剛勁馳說的是2000年後出生的人。

盧 寫作班老師說近兩年更嚴重，不知道會否受到學校老師的影響，只是……

李 會不會是老師本身也感無力？但我們不講，又不去組織經驗，最後無力的一群又會走向右翼。

盧 意識轉變其實更可怕。所有人不去談這件事，但又意識到社會問題，人變得更老練，更功利，覺得自己與其他人更難爭了，也會增強了競爭時所帶來的痛苦。

許 變了中國大陸的狀況。

盧 對呀，這才是最恐怖。

西 我觀察到的一方面是世故，另一方面是天真，在日常生活上是很「小學雞」，很奇怪的結合。

俞 當梳理不到過去的經驗，只好站得更邊。

從OC到港獨

西 我另一個想知道的，而《風景》沒有提到，就是OC和德昌里的關係。

黃 OC時建立了一個社群。清場後，有人叫志老闆在油麻地開店，但連他也不知道用來做甚麼，他是因為看到日本「素人之亂」的店舖好像可以做點事，於是就開了這店。我們在OC認識他，清場後就佔領了他的店舖。（眾笑）德昌里後來有一批新的人加入，已不是原來那批了，更後生的。之後又有蘇波榮，我們就去工作，大約是這樣吧。

對於日常，OC時都想過很多，例如種植，但種出來的都死光光，因為不夠陽光。那時根本甚麼也不會，比較能做到的好像是剩食、垃圾分類等。當時大家一起做飯，學習怎樣討論。反對資本主義這口號也不是一開始就有的，對此一開始時還有些爭吵，有份參與的人未必認同所有事。其實反資本主義外，更有直接民主，有無政府主義思想。實際上就是，我們要一同生活，有些人更一起住。

居住模式與文化生產其實是同一條線來的，那時就對社群和文化多了思考。你談到年青朋友務農是真的，因為有不少德昌里的人想去試試，想知有甚麼可能性。當時經常被人批評說，你反資本主義，還用蘋果電腦？我覺得可以的，因為你了解更多，就知其他牌子也是一種剝削，怎樣用這個工具才是重要的。你要成為fans嗎？每個新型號都要追嗎？如何投放你的時間和金錢呢？資本主義下生產的工具也可以有很多用法。

林 近年常常聽到有人說，小店就要支持。但是是不是真的需要這樣？

黃 小店還好，電腦世界是另一回事。這個範疇已經被壟斷了，你自己無法自行生產這個技術而能避開購買現有的商品。

西 我想回到Leo所說的運動與情感。說到情感，不一定只有創傷，喜樂都是一種情感，但很少談及。《風景》除了談日常生活外，亦談了不少人與人之間的互動關係。當中的情感我到現在也不懂得處理。

天星皇后發生時，我剛好閉關閉了一年，終於寫好了論文的初稿，有些空間，於是就全心參與運動。到差不多轉去皇后時，我又要閉關一個月，當中錯過了很多被認為重要的時刻，例如皇后的本土號。皇后清場時，當時我和梁寶山回家時想，應該不會現在清場吧，到回家洗澡時，屌，警察就清場了。我經常錯過重要的場面，原本覺得運動和自己很近，但因為錯過重要場面，失去了共同經驗，心裏有些遺憾。天星皇后運動之後，有些朋友也不想重提這場運動，我一直理解，在天星皇后後出現的時代廣場運動，是情感上的延伸或補償。

黃 有人不想提嗎？反而見到有人經常提。

西 有些朋友是不想提的。

諾 天星有這情況，OC也有，雨傘中這種不想提的情緒更加大了。

黃 OC不多，但都有認識的人是這樣，清場後就不想再走回去。

西 《風景》其中一幕最深刻是太初和阿雲進了長洲，阿雲只不過簡單的問太初OC是甚麼，太初就很防衛的說你不能否定有人在那兒生活過。太初到第二天早上，整個人崩潰，哭得很厲害。還有，阿雲對白中提到，「要傾野，係咪要傾到所有人同意先決定？」（討論時，是否要等所有人同意才作決定？）「其實我同你要不要共識？留喺到要不要共識？」（那麼我與你之間是否需要共識？留下來要不要有共識？）我對這段的理解是，所謂的討論是不是他們不想對他們的關係做決定的藉口？阿雲不是挑戰OC的人有沒有生活過，而是挑戰他們對討論的理解……

許 我沒有參與過OC的討論，但對於我來說，這是很理想化的討論。討論一件事要五、六個小時，不睡覺也要討論下去。雖然沒有經歷過，但過程我知道一點，會質疑這是不是最好的方法。

在寫這電影的劇本時觀察到，2012年有種低氣壓的感覺。當時在立法會前經常有活動，但好像來來去去都是同一批人，其他人都在這個低氣壓中消失了，我寫劇本最想觸及這個低氣壓的感覺。但2014年又不同，突然好像要爆炸似的，但2012年感覺很辛苦，無論怎樣叫都好像無人理會。

梁 現在不是更低嗎？

許 兩者有分別。現在的低氣壓是大家都理解一些事後的低氣壓，但2012年的感覺是你知道一些事，但別人不知道，叫起來也沒有人理。當時連生活層面都很低氣壓，生活毫無進展。現在是另一種，是低迷，是迷失，大家都知道有好多問題，迷失在問題裏。

李 但你生活圈裏其他朋友呢？

許 2012年時，我那些風花雪月的朋友依然很風花雪月，但他們現在就不再風花雪月……

梁 還以為你說，風花雪月的已經不再是你朋友。

（眾笑）

許 他們對大陸人反應很大，對水貨，對TVB字幕出現簡體字會有很大反應。2012年我跟他們談這些，他們認為我痴線。

李 只不過是現在比以往更多人在相同的狀況中吧。中港矛盾是有的，不應否認，但「香港人」面對的問題不只「中國」問題。近年悲情情緒更強，因為更多中產往下流，要面對以往低下層面對的相同處境，只不過他們有比較多話語權，但對於新移民或者社會低下層、邊緣者來說，香港從來就是這樣。

雨傘運動去到某個規模就無法有其他連接，無法感召更多人，可能是沒有把人連結。我也因為雨傘運動與其他人吵架，整個運動這麼大，卻沒有一項經濟要求，連最低工資也沒有人提出來，來來去去都是普選先，政治先。我對這種階段論很不滿，就沒有熱情去參與了。反國民教育也是一樣，國民教育有問題，國情教育指引有問題，但難道整個教育制度沒有問題嗎？Sorry囉，現場都叫人守規矩的中產小朋友，家長代表進去和政府討價還價，其他人只能坐在外面，做啦啦隊等大台發落，我就覺得很嘔心，我分享不到那份激動。

至於低迷，從來都是這樣。長年參加社運的朋友都會說，政府不會理你，你憑甚麼覺得政府要理你呢？我們沒有籌碼，沒有強大的實力，又沒有生成政治結盟，又沒有生成新資源可以不用被地產商剝削，如果我們沒有很強的實力，根本就沒有甚麼可以拿來與人談判呀。我們要能夠離開資本主義，才能反對它。雖然德昌里的嘗試不是大型的實驗，但這經驗很重要，不論是雨傘佔領區，還是皇后碼頭，共同生活的經驗需要變成恆常地可以改變事件的力量才行。

許 之前也經常有人說，七一遊行、六四集會等只是一種表態，表態了後可以舒服回家，結果甚麼作用也沒有。雨傘期間更有一個想法，覺得推翻一個議程，所有問題就能解決。

李 我就曾和人吵着說，就算全香港的「中國人」也死光，封鎖邊境，香港的問題會否解決？不會的。

許 單一議題都是一個保護。

李 社會的剝削沒有改變。又回到剛剛的問題。

林 很多事本身都與中共無關，例如鄰居的問題，街坊的問題。我覺得這三年把這種情緒推到極端。天星皇后時，我還有參與居留權運動，如果說我有甚麼情感不易處理的話，居留權運動是對我來說無法說出來。而十年之後，更難說出來。

黃 （居留權運動）以前是邊緣的議題，現在更加無人理會，好像一談到這話題，就不是活在現實裏。

諾 很多人不想深究社會關係的問題，然後把複雜問題單一化，認為港獨就可以解決所有問題。雨傘被打散後，這種能量被右翼拉到他們那邊，港獨就是所有問題的出路，能回到以前的香港。

禧 這只是右翼把港獨變成右翼，但港獨其實也可以不右翼的。

鄧 自八十年代起，普選一直成為社會問題的總問題，連這個議題都只得單一理解，當中沒有經濟內容的，雨傘運動也只是回到相同的問題。當下港獨能否代替普選成為總問題呢？又好像不能，因為普選是社會共識。

許 港獨連討論都還未討論。

盧 港獨派又好像做到一些事，就是使民主黨變成千古罪人，港獨派有時對永遠重複的民主運動有一定批判。

八十後與世代論

諾 我想到兩個問題，剛剛你說民主普選都是重複了二十年的議題，回到天星皇后，當時其實提出了土地和空間運用的問題，與民主緊扣，與公共連結，但到雨傘時，這些問題就不知道去了哪兒了。

第二個問題是代際的問題，「八十後」這名號在反高鐵時提出，幾年後就是黃之鋒、九十年代出生的世代，雨傘後呢？又斷了幾年。若我問我的學生，他們不會認為普選是最大的爭議了。不同年代的人之間斷裂得很急促，而運動者亦有意識運用代際矛盾不斷切割。

俞 就算是同代人，差距都很大。

盧 同代人間的差異有權力意義，但把不同世代分裂，有甚麼意義？

諾 我關心的是運動者不停利用世代論述，然後透過切割建立新的東西。我也不知道這是一個怎樣的狀態。

梁 「八十後」原本其實不是這樣的。這名號是在反高鐵前、「六四」二十週年時提出，有一群八十後青年要繼承歷史，繼承六四的精神。這個名號出來時，本是強調世代傳承，誰知後來會變成這樣子。

許 這和「拆大台」有沒有關係呢？（眾：還未有「拆大台」這個概念）

盧 「八十後」原本的想法是延伸世代，世代論則是反高鐵時提出來，「拆大台」則是後來出來的一個結果。

西 最近我重看學聯（香港專上學生聯會）、八樓九十年代的文章，他們那時已對民主派大佬看不過眼，認為六四晚會和遊行不夠激進，沒有激盪的運動，需要更激進的行動。其實反對大台的想法一直都有。

為甚麼代際之間無法傳承下去呢？六四二十周年時，獨媒（香港獨立媒體）有一篇文章，就是談到羅永生、梁文道和葉蔭聰在（富德樓）

天台講座那一篇。羅永生說到，為甚麼無法把六四傳承呢？其實六四一代從來沒有講清楚當年發生甚麼事，就算有人想繼承也沒辦法。大家經歷了那場運動後，卻避談那件事，經驗斷了，無法接續下去。那次天台講座後，就已經是反高鐵了。

許 但六四要承接的其實是甚麼？難道是晚會主持？（眾笑）要傳承甚麼理念呢？或晚會由年輕一代主理？

梁 最早的說法是承傳，但究竟是哪個 moment 使事情變成現在這樣呢？

禧 世代矛盾其實是真問題，不過我們把它搞得好狹窄，好像廿五歲可以買樓就是世代問題。

盧 我不明白為何社會運動不斷變得細，八十後又有九十後的分法，怎麼會這樣碎片化。關於世代的問題，從外國的研究來了解，像呂大樂提出的那樣，是嬰兒潮一代和之後的世代，分成兩部分。但香港就是不停的分裂下去，碎片化。

黃 到底這是香港的問題，還是整個世界的問題？我們活在的時代，科技不停變化，三年前與三年後的電話已經很不一樣。二十年前可以用一部電話用很久。我們感受世界的方法也跟着變得不一樣，只不過我們現在把這個情況放在社運上來了解。

「八十後」和反國教都是用世代，但兩者運作不一樣。反國教後聽到不少運動參與者說到組織內的階級，我也嚇一跳，原來是這樣的。

梁 反國教是大運動，學民（思潮）內的競爭很大……

李 但他們都是乖小孩，中產價值。我在金鐘時感到不舒服，因為感覺全都是乖小孩，在制度下獲得獎勵的優秀學生。但若然這個世界只有5%的人得到A，其他人怎麼辦？

梁 某些人談金鐘談得好理想，好像很激進，但只不過重複日常生活的慾望，把帳篷的名字改成甚麼甚麼華庭，罷課不罷學，乖到要在佔領時都想着要補習，而不是去玩。連（在佔領區）打乒乓波、打邊爐都要比讓人家批評。

李 我常常有一種陰謀論，反國教的「勝利」也可能是政府有意放行的，再鞏固了「良好公民」的形象，因為之前的社運很多直接行動，不守秩序，而且規模逐漸擴大。反國教後就沒有了。

黃 乖亦刺激到右翼，要來「拆大台」，能量反彈到另一面，要一種「不乖」的態度，像講粗口……

許 因為乖才能吸引到中產。

李 中產有甚麼意思？都與我無關。其實香港又有多少人是中產？在座是不是？中產只是虛假意識來。

梁 我想用另一條線索來了解。為何我們（左翼）經常都輸，而資本主義則經常勝利？如果我們有代際的問題，我則會想問，為何資本主義總會勝利？

盧 不能只談贏和輸啊，贏輸是資本主義的運作邏輯。許寶強形容新自由主義的其中一個說法，就是一些人用盡方法贏，踐踏另一些人，把自己變成主導者。反而有一個問題是，為何不能把反抗的人團結起來，把「失敗者」團結起來？

西 我的學生都是這樣。讀完馬克思，了解到異化勞動，之後他們會問，可以怎樣？他們就說，那我做最強的人，能夠贏的人。

許 每位小朋友發覺沒有辦法得勝時，就變得很功利，想要在某些位置獲得全世界認同，所以盡快要玩好這個遊戲，盡快得到一百萬。世界不行公義的路，為甚麼我要行？

梁 所以現時學生的狀態是，覺得自己「無得玩」，接受（現實）。我想起昨天的「香港與自由」工作坊，周保松說到他很支持他的學生追尋自由，但有在場的人指出，其實周保松教的學生算是比較精英的一群，他自己教的學生不是這樣的，他們是在社區學院裏不停輪迴。當周保松談學生的主體性，其他學生就會說，你是在說外星話嗎？鄧鍵一提到在他教學經驗裏，有些人需要的自由的量其實很少，對他們來說，運動失敗了也是OK的。我從他們身上看到可能是另一條出路，原來我們可以失敗，原來在中產價值的成功之外，是有失敗的。

黃 我覺得這裏有兩種不同的失敗，主流社會失敗，還有運動的失敗。兩件事並不一樣吧？

梁 兩種失敗也是相關的。運動中也有很強的鬥爭性，運動除了有敵人外，運動團體內也是有競爭性的。

諾 但「失敗者」也有很多類別，發現自己是失敗者是一個狀態，發現自己是可以成為失敗者又是另一種狀態。雨傘過後的失敗者情意結，不是一種認識或認為自己是可以成為失敗者。有一種失敗者就是直接從窗跳下去……

李 我覺得重點是沒有組織起來。

許 更重要是，社會的觀點根本沒有變化。我們突顯失敗者，但那群體看不到出路的人，並不覺得作為失敗者是OK。

梁 我想回應的是，運動群體內部其實具有競爭性，但是可以把競爭放下，放下後除了跳樓外，其實是可以安然作為失敗者，可以從失敗者的角度看到事情的另一面。能否（接受）作為運動裏面的失敗者。

許 這亦是我要把我的小朋友放在普通學校讀書的原因，在最普通的學校，要他認清這個制度，試試做失敗者。

諾 我們界分成功和失敗，但有更多人不在這兩者之間，像我教的學生，他們不是最成功，又不是最差。畢業後他們覺得一萬多兩萬人工已經很好……

俞 因為生存條件，學生很多都選擇沉默下來。他們上來也不容易，學費又貴，他們只關心生存條件。他們會支持罷課，同時又會問何時補課……

許 俞若玫和譚以諾教的是top up degree的學生，但大學生想法不同。大學生都是在浪費，他們自己也知道的。中學時候他們很辛苦，所以現在他們需要這樣。

如何土本？怎樣本土？

西 過去十年，大家對本土有甚麼觀察？

諾 關於「本土」，有出版社每年出版一本「本土論述」的書，有連續五年吧，好像開始很多人談論本土論述。但「本土」成為論述其實不是甚麼新鮮事，我本身做文學研究，八、九十年代已經談本土，西西的《我城》已經緊扣本土性，後來的文學又多有回應九七問題和思考身份問題的。這些在文學和電影研究早已提到。

梁 天星皇后也刻意去接近你提到的本土。

諾 後來出版社出了那一系列的書，這字眼變成可以討論，然後不知甚麼時候，人們開始消費本土、集體記憶，後來就是右翼的本土，香港人優先，陳雲的城邦……

梁 現在回想，陳雲之前，香港人優先的想法早已存在，不過他善於論述操作，把其他事情扣連在一起。其實在居港權事件已經有這種對立，當時的葉劉說167萬人來港，她很成功把右翼民粹勾出來。

諾 回到Rita的電影，她有一個段落訪問幾位五、六十年代來港的老人，他們的故事有趣於，他們來香港是為了生存，這是香港五十年來的狀態，Rita的電影嘗試追尋更早年代的本土。

西 我從中看到的是歷史是怎樣來，看到日常生活的肌理。電影一開提到格言那部電影，「北豆有力，湘豆無力」，但主持不讓他說這兩句話，這就是媒體如何看待本土，Rita要批判的就是這些。譚以諾剛剛提到的是文化上的本土，近十年的是政治的本土，本土的轉化⋯⋯

黃　近四、五年變成民族主義式本土，天星皇后時不是這樣，但當時確有這樣的種子。

西　香港人的主體性是反共，不，是恐共，反也太有意識。從居港權到現在都是這樣，六四都是這樣。

黃　居港權時，我覺得不是恐共，而是覺得那些人來了後，我會失業。是一種自保。我不理會上一代是怎樣來香港的，但我現在搵食艱難，他們到來我就會失去飯碗。

盧　恐共是有民生層面的。以前的恐共動員沒有現在的誇張，但現在，好像變成是只要恐共，做甚麼都可以，恐共是因子，但怎樣去用是人。

梁　關於本土，我想問電影中影相的KOL，還有李彌，導演放她們在電影是有甚麼想法？她們好像有很多故事⋯⋯

許　李彌的角色一開始就已經有，想從不同角度理解甚麼是「香港人」。香港人有一個迷思，以為大部分香港人都是土生土長，事實當然不是這樣。現在的小孩，有三分一都是小學或中學才來到香港。他們想隱藏自己背景，表現出自己像一個香港人。我想探討這個身份問題，原來土生土長是神話，我借用了李彌去反映這個問題。那個影相的叫蝦米，蝦米這角色原本的設定是會與所有角色相遇，她和阿雲本是有一段關係的。

西　本土其實都是一種幻想，過去十年講的都只是一種幻想。我有印象，在天星皇后完結後，有媒體找參與者去為飲食稿做訪問。本土很快被主流媒體和網媒吸納。電影中的蝦米代表網絡，每個人都投射自己的慾望在她身上。

李 李彌的身份就可反映香港人這身份是可以扮演出來，無形中批評身份的虛幻性。

梁 兩位女角還有更多事可以講給觀眾，我很期待她們的故事。李彌和蝦米方向相反，一個留在香港，一個回到北京。

黃 我覺得這安排很功能性，我知道的她們在電影的功能，但看不到 Rita 想怎樣寫這兩個人物。我好想看到，但看不到。

梁 你也想追看下去，對不對？其他角色對我來說都太樣板，再可以激進化的就只有李彌和蝦米。

許 確實可以寫下去，有很多場戲剪走了，原本有安排蝦米和李彌道別的。

西 天星皇后開始有這些討論，甚麼才算香港人？在運動的想像中，我們有沒有包括其他人？

李 你教書就會好明，你無法說「我們香港人」，因為大陸同學一起上課。身份政治建基於排擠。至於天星皇后運動時講的「本土」，有反世貿的影響，反世貿運動時會講保護本土，是相對全球化資本掠奪，去地方化。2000年代初，外國很多社運都會講「本土」，士紳化還不是普遍現象，「本土」是反抗性詞語。

黃 本土就是全球化的排泄物。

李 如果辯證點去看，因為全球經濟去地方，才有本土的概念，後來身份政治又承載了恐共情緒，反對中國對香港的制約，然後將所有事合體。黃衍仁說得對，是有人有心把事情結合。所謂左翼或不是右翼的人未能有力地回應，然後就輸光了。右翼就壯大了。

禧 左翼從來無介入。

李 但右翼用得很好，用情感和民粹動員，用得非常好。

盧 雖然我們稱他們為右翼，但他們不會這樣想。很好多本土派認為自己是在搞抗爭，這才是關鍵。他們從來不覺得自己是右翼。以我理解，以前用本土時是很小心的，例如本土行動用本土就很小心。

黃 我不知道有沒有不斷很小心。

林 皇后時，「本土號」就嘗試去定義何為本土。

梁 很努力地做到很開放。

黃 那次就是以船扮演當年皇后上船的情況，不過是以人民代替皇后上船。

盧 後來經營本土的手法已經不同了，就算當時刻意做到好開放，現在還是變成了排擠的宣傳工具。

西 以前香港人界定自己的身份的方式是歧視，來自大陸的人是威脅。經濟走下坡後，人感受到威脅。中央政府說要幫香港搞好經濟，香港人本來自豪的身份一直下滑，開始有激烈的排外情緒。

鄧 還有一點，將這種情緒放在對抗共產黨這層面上，排外就更具正當性，如果沒有這一點，可能將對大陸人不滿和對抗共產黨分開，但現在等同在一起。

盧 這種等同很奇怪。其實，恐共（情緒）早在上世紀已經有，年輕時曾參與民主黨的活動，六四集會也不會擔心有人是「鬼」（共產黨的滲透），但現在的恐共等同於恐懼大陸人，事情變得很誇張。

許 現在人人都是鬼啦。

李 中國內部的民族主義操作也有影響。

西 有說八九六四之後，中共加強了愛國教育，整個中國到處到是愛國情緒。

禧 所以有陰謀論說港獨有收中共的錢。

李 就算沒有直接資助，但事實上兩者是互相需要的。中共需要「港獨」來合理化國家安全論述。雨傘後，香港警察的預算也多了很多。

性別意識與社會運動

諾 讓我們談談《風景》的性別意識。不只是《風景》，Rita其他電影中，女性的角色都很重要。

西 李智良你不是說Rita電影中的女性主義激怒了不少影評人嗎？

李 電影敘述上，畫外音是女聲。你也看到電影中的女性角色行動力和意識都強過男性，最後阿雲就像娜拉出走，無論她最後有沒有與太初在一起，她都打算要離婚。當然，她算是好運的，沒有與丈夫捲入財產分配的糾紛，不然可以變成電視劇。（眾笑）阿宜出獄後沒有去找太初，李彌最終搬屋離開，因為她知道男友其實一直沒有平等看待她。

西 Rita是否對社會有這種觀察？女性主義當然相對父權社會，而社會運動又是甚為父權的。

許 到本土派的論述就更為恐怖，最可怕是年輕人又十分喜愛。像在立法會選舉工程的「六魔女」。（眾：發生甚麼事？）旺角魚蛋運動後，青政參選，那時有一群年青女子出來助選，她們穿短裙，low cut，以性來吸引男群眾，其中一位是我學生。

諾 這裏好像知道的人不多。

盧 我們不是受眾。

許 但年輕一群很受落。

李 游蕙禎參選時都是這樣，選民會比較女參選人的外貌。

許 現在的《地厚天高》（拍攝梁天琦的紀錄片），又有一群女生因為梁天琦而去看那電影。

鄧 我想知所指出的問題是甚麼？

梁 這正正「左膠」給人批評的地方，也左翼的缺失。黃之鋒被「左報」（中共支援的報章）說他結識女朋友，彷彿運動參與者就需要乾淨純潔。反之，右翼很懂得如何運用人的慾望，左翼則沒有處理這問題，沒有論述性意識裏的可能性，也沒有處理運動中的pleasure（快感），反而是把pleasure壓抑了。我們一代人讀女性主義都是去性化的，沒有處理快感。何秀蘭批評游蕙禎的長髮破壞環境，就是盲點，我一點也不理解。

李 其實之前社運都有賣萌呀。

梁 但賣萌是另一回事，賣天真，是另一種形象。

諾 左翼被人以性攻擊，卻未能好好處理性意識和快感的問題，就引發出以上問題。

李 從女性主義角度去看，為何媒體指責社運人需要有純潔的性生活？為了運動的純潔形象，壓垮了情欲的正當性，社運人士又沒有好好正視當中的問題。後來右翼就無底線的加以運用，就是賣性。不論是女性身體自主也好，情慾也好，社運裏有沒有性解放意識？陳巧文那時很努力回應，但當時沒有人聲援她。

黃　我則較為悲觀。我認為就算處理到（情慾在社運的角色），這個市場（無底線地賣弄性感）依然存在。

西　其實九十年代有人處理過這問題，像女流、新婦進。

諾　其實左翼人士也有運用快感作宣傳的，例如不停推出「民主女神」。當這方如此運用時，其實是在享受快感，但當右翼運用時，就有人反過來在道德高地上攻擊他們。

西　女神是聖母，無性的。

諾　情況明顯不是這樣。雖未必如右翼般明刀明槍運用身體去吸引群眾，但運作邏輯類似。

鄧　有人指責這種動員方式？好像沒有，我不清楚。

李　右翼確實有很強厭女情況。

禧　其實大家都無可避免地活在（父權的）意識形態裏，只是程度不同。

俞　我覺得不舒服是，為何要「處理」性？怎樣處理？處理甚麼？

諾　梁寶所說的處理，是指在運動中其實是有很多情慾流動，但左翼壓抑了這問題，在運動動員上有利用愉悅和快感，但是就沒有人去討論箇中的運作。討論性時大家就顯得沉默，但反之討論本土啊，新自由主義啊，中產價值啊，大家就很雀躍的表達意見，各有看法。

所以才說需要「處理」性的問題。

許　我覺得大家將問題無性化，想把運動推到乾淨的狀態，那我們就可以很理性去討論問題，而不涉及任何情感，只有人，沒有男和女的分別。我記得和阿禮（梁穎禮）做《風景》映後問答時，有位男士很激動，說你們不覺得OC很嘔心嗎？發生過不道德的事，性濫交，甚至說聽過有朋友的朋友被人強姦，質問我們是否美化了OC。阿禮當時的反應是問他朋友的朋友是誰，不如大家約出來見面見面。（眾笑）雨傘也是這樣，有人說在金鐘看見安全套，然後那班乾淨中產又不停強調沒有發生這些事，只是不斷強調小愛情、小清新，不強調其實是有性的流動。

梁　運動的論述一直強調身體，戰鬥型的身體。但所有身體都是無性的，很古怪。反高鐵時大家苦行，那是很強調身體與土地的連結。

林　但苦行是非性化，很神聖的一件事。

諾　這裏所說的身體是戰鬥的身體，但有其他對身體的想像嗎？

許　無性化只不過是站在道德高地。當你看見到本土派這樣動員，就覺得不應該是這樣。

俞　我有留意「六魔女」呀，第一個反應是，嘩，這很「正」呀。

梁　如果同樣的操作，但不是右翼來做，大家是否能接受？是不是我們應該做？我只想質疑那種去性化的運動。

諾　Rita提到參與運動的人想事件「乾淨」，但事實上事情又不是這樣簡單。你看金鐘現場，到處都是BL慾望流動，但好像沒有人去討論和處理。

西　中年女士都愛BL。

鄧　記得有故事說，有女子知道周永康有女朋友，痛哭了很久了……

盧　BL變成難得地團結不同的人。

李　我覺得這是明星化的問題多於性別的問題。

黃　智良提到的明星化確是問題，不論是「hehe」也好，民主女神也好……

西　剛剛提到的現象，如果以女性主義的角度去看，不單是只有情慾，更是很多情感的需要，可以吸引人投入運動。

李　是的，應該有這種面向，但我（在運動中）經驗不到。運動中的戰鬥模式很強，就算天星皇后有觸及文化行動，但最後都變得很次要，又回到戰爭的想像……

俞　老實說，我投入不到Rita的性別角度，太典型了，並沒有打開不一樣的性別角度，沒有說服力，也看不見慾望，特別是太初和阿雲的一段情，在長洲的一段，沒有可能甚麼事都沒發生呀。當中我看不到他們的情慾慾望。

禧　在我看來，這可能是關於政治多於情慾。太初是要解決政治創傷，要透過一位母親來療傷，所以他們之間不可能有這種情慾。

梁　那個不是情慾來的，是太初的 *objet a*（小對物）不見了。

俞　阿雲也沒有可能「唔去」（與太初做愛）囉……

李　他們之間不會發生任何事情，他們都這麼小心……

許 我寫的時候沒有可能每一步都從政治思考，這樣會很沒趣的。在第一稿中，他們是有睡過的，但後與在現場與演員討論，他們則應為角色在這種情緒下，應該不會發生任何事情。

黃 可能就算拍，他們也演不來。（眾笑）

梁 太初離開長洲時的哭，原來是失敗。

西 是否政治移情……？

許 他們只不過是在那刻各自都覺得需要一個「水泡」。

黃 但我覺得那確是情感來的，不是政治……

俞 但像是想「去」又不「去」……

許 再早一稿其實蝦米有與阿雲搞上。

梁 反而期望看這些。

西 那麼，阿雲與蝦米搞上，又與太初搞上，那就完美了。

偽現世的風景——電影《風景》的真實叩問

出品人　　許雅舒
編輯　　譚以諾、何阿嵐
裝幀設計　　徐壽懿、鄧啟燊　Trilingua Design
攝影　　蘇劍豪、楊鳴謙、黃傲坤、劉俊霆、何阿嵐
出版　　手民出版社
hkcinezen@gmail.com
印刷　　高行印刷有限公司

版次：2017 年 12 月初版

ISBN：978-988-14233-4-4
定價：港幣 128 元
新台幣 480 元